Patrick Fröhlich

Rambazamba

Ein unvergesslich mexikanisches Abenteuer!

Bibliografische Information der Deutschen Nationalbibliothek:
Die Deutsche Nationalbibliothek verzeichnet diese Publikation
in der Deutschen Nationalbibliografie; detaillierte bibliografische Daten sind im Internet über dnb.dnb.de abrufbar.

Verlag: BoD · Books on Demand GmbH,
In de Tarpen 42, 22848 Norderstedt

Druck: Libri Plureos GmbH, Friedensallee 273, 22763 Hamburg

Covergestaltung: Patrick Fröhlich

ISBN: 978-3-7693-1308-6

Prolog

Hi, ich bin Patrick und durchlebe das Abenteuer meines Lebens. Im wilden México verbringe ich fast ein Jahr, zu dem es kein treffenderes Wort als Rambazamba gibt. Ich erlebe eine Zeit, die geprägt ist von Pechvogelmomenten und Höhenflügen, von denen ich wahrscheinlich mein ganzes restliches Leben noch zehren werde.

Die Erlebnisse, auf die ich dich mitnehme, sind so beschrieben, als würdest du mit mir unterwegs sein und meine tiefsten Gedanken sowie Gefühle erleben. Dabei wirst du nicht nur auf Happy-Feeling treffen, sondern dich ebenso wie ich einigen Fragen stellen, die zum Nachdenken und wahrscheinlich zum Umdenken führen werden.

Ich hoffe, dieses Buch wird dich inspirieren, deine Geschichten und Erlebnisse aufzuschreiben. Jeder Mensch begibt sich auf eine Reise und hat dabei Erlebnisse, die anderen Menschen helfen, über ihre eigenen Schatten und Ängste zu springen. Wir sollten unsere Zeit weniger dafür verschwenden, was wir nicht sind, sondern vielmehr das Beste aus unseren Grenzen herausholen!

Inhalt

1. Aller Anfang ist schwer

Bam Bambam Bam Bambam... Ich höre mein Herz, wie es in meiner Brust schlägt. Ich habe die Augen geschlossen und traue mich nicht, sie öffnen. Ist es wirklich wahr? Bin ich wirklich am anderen Ende der Welt angekommen? Ich genieße noch etwas den Moment und höre, wie in meiner Umgebung Autos hupen und Leute sich in einer anderen Sprache unterhalten. Mir ist etwas kalt und ich greife mir den dünnen Stoffbezug, ohne meine Augen zu öffnen. Doch meine Neugier hat mich gepackt. Mit einem Schwung setze ich mich auf mein Bett und öffne nach einem ausgiebigen Reiben meine Äuglein. Verträumt schaue ich auf mein Handy. Es zeigt mir das heutige Datum: 02.11.2022. Dann blicke ich von meinem Bett durch die Fensterlamellen meines Zimmers. Für mich ist der Umstand neu, dass das Fenster quasi rund um die Uhr offen ist und ein leichtes Lüftchen durch den Raum weht.

Ich schaue auf einen kleinen Vorhof und einen riesigen Wohnblock, der auf der anderen Straßenseite steht. Meine Erkenntnis: Verdammt, ich bin endlich angekommen!

Ich fühle mich, als ob ich einen im Tee habe. Alles fühlt sich wie Honig im Kopf an, sehr schwammig, halt einfach unklar. Ich bin mir sicher, dass es Ausdruck des Jet-Lags und der langen Anreise ist. Zudem bin ich aufgrund meiner Ahnungslosigkeit sehr aufgeregt. Was erwartet mich hier? Was erwartet mich unten im Haus? Ich traue mich noch nicht aus meinem Zimmer hinaus.

Doch andererseits, was soll's? Ich kann schlecht das ganze Jahr in meinem neuen Zimmer leben. Ich fasse mir ans Herz, öffne die Tür und denke: *Hallo Welt! Hier bin ich, packen wir es an!*

Nun voller Euphorie geladen, gehe ich die Treppe runter. Ich sehe zwei Personen auf der Couch und im Sessel sitzen. Als die beiden mich bemerken, begrüßen sie mich mit einem freundlichen „*¿Buenos días, comó estás?*"

Ich wäre am liebsten im Erdboden versunken, denn schwupp ist das ganze spanische Vokabular, das ich mir durch mühselige Bildungsurlaube und tägliches Vokabeltraining angeeignet hatte, wie weggeblasen. Immerhin ist mir nach einem zögernden Moment ein „*Buenos días*" als Antwort eingefallen.

So beginnt mein erster Tag meines Abenteuers in der Hauptstadt Jaliscos. Und du hast das Glück, dass du dieses prägende Abenteuer miterleben darfst. Ich möchte dich mitnehmen auf ein Abenteuer, das mich und meine Weltansichten vollkommen verändert hat. Dabei werde ich dir das Gefühl vermitteln, als würdest du mitten im Geschehen stehen und meine tiefsten Emotionen nachempfinden…

2. So sprang der Floh ins Ohr

Die absurd klingende Idee, eine längere Zeit in México zu verbringen und dort ehrenamtlich zu arbeiten, fing vor einigen Jahren bei einem Gespräch mit meinem damaligen Studienkommilitonen Jannik an.

Wir befanden uns in einem gemeinsamen Semesterprojekt *zukunftanbahnen – Das Podcast-Projekt*, zu dem wir über die Mecklenburgische Schmalspurbahn recherchierten. Im Laufe der unzähligen Stunden zur Projektbearbeitung erzählte mir Jannik von seiner früheren Zeit an einer deutschen Schule in Málaga. Ich selbst lernte Andalusien auf einer Abschlussfahrt flüchtig kennen. Doch bei dem Austausch merkte ich schnell, dass Jannik sich besonders detailreich auskannte und daher meine Wortwahl „flüchtig kennen", mehr als zutreffend ist.

Er erzählte mir, dass er während dieser Zeit einen wichtigen Freund kennenlernte, dessen Freundschaft er heute noch zu pflegen weiß. Doch vielmehr hinterließen seine Anekdoten und Erfahrungen Spuren in mir. Bei all seinen Geschichten verspürte ich immer wieder seine besondere Beziehung zu dieser Zeit, zu diesen Orten und zu dieser Möglichkeit, diese Erfahrungen machen zu können. Seine Geschichten erweckten Bekanntes und Bilder in meinem Kopf, die sich wie in einem Film zusammenreihten. Ich wurde deshalb neugieriger und fragte ihn aus. „Wie hast du denn dieses Jahr organisiert? Das macht doch bestimmt einen höllischen Aufwand?"

Bei den Gesprächen hörte ich erstmals von einem Verein, der insbesondere mit jungen Menschen zusammenarbeitet und als Speerspitze den interkulturellen Austausch durch ein globales Netzwerk fördert. Ich hatte noch keine Ahnung, wie dieses Konzept genau funktionierte, jedoch hörte es sich meiner Meinung nach plausibel an.

Da Jannik und ich uns unzählige Male für den redaktionellen Feinschliff unseres Projektes trafen, konnte ich die Gelegenheit nutzen, ihn mit meinen neuen Fragen zu bombardieren. Dabei bekam ich immer mehr ein Gefühl dafür, was ein längerer Aufenthalt in einem fremden Land mit einer fremden Kultur bedeuten kann.

Ich nahm mir zum ersten Mal in meinem Leben Zeit, um gründlich darüber nachzudenken, ob solch ein Schritt, ein halbes Jahr oder ein Jahr in einem anderen Land mit einem völlig fremden Umfeld, etwas für mich ist.

Um dich nicht mit meiner Pro- und Contra-Liste zu langweilen, verrate ich dir mein Ergebnis. *JA,* war meine Antwort auf die Frage, ob ich mir solch einen Schritt zutrauen würde. Ich wollte auch wie Jannik über eine Zeit, eigene Erlebnisse und Erfahrungen sprechen, die nur wenige machen und sich zutrauen. Ich wollte meine eigene Geschichte schreiben, mit der ich andere dazu bewegen kann, sich etwas zu trauen, und sie damit ihre Ängste beiseiteschieben.

Nach meinem Entschluss wandte ich mich an einen Träger, der mich bei diesem Abenteuer organisatorisch unterstützen sollte. So glücklich ich über diesen ersten Schritt war, sah ich mit den diversen, potenziellen Einsatzorten, und ihren notwendigen Qualifikationen und Tätigkeitsbereichen auf der ganzen Welt eine neue Herausforderung.

Beim Lesen der vielfältigen Stellen dachte ich mir: *Das klingt alles schon sehr aufregend und beeindruckend, doch wie soll ich mich bei der Fülle an Optionen entscheiden, wohin ich gehen möchte?*

3. Von der Schnapsidee zum Leidensweg

Max, einer meiner prägenden Freunde, hatte zu diesem Zeitpunkt ebenfalls vor, einen Teil seiner Lebenszeit in einem anderen Land zu verbringen. Seine Absichten waren doch bei weitem viel konkreter. Ich war schon etwas fasziniert und zugleich eingeschüchtert. Gefühlt jeder in meinem Umfeld beschäftigte sich mit dem einen oder anderen großen Abenteuer. Oftmals hieß es, ab in die Ferne, über den sogenannten Tellerrand schauen. Ich denke, durch die ganzen Gespräche hat sich dieser Traum in mir gefestigt. Doch ich dachte ebenfalls darüber nach: *Mache ich es meinetwegen oder nur weil alle davon reden und sich darauf vorbereiten? War ich einfach nur ein Opfer der Schwarmtheorie und will mit den anderen mithalten? Belüge ich mich damit vielleicht auch selbst?*

Unzählige Fragen überfielen mich förmlich zu diesem Zeitpunkt. *Wann ist aus meiner Sicht ein geeigneter Zeitpunkt? Wird sich diese Tür irgendwann angesichts späterer Lebensentwicklungen oder wegen meines Alters schließen?* Und, und, und ...Wenn ich es mal schaffte, die eine oder andere Frage mit einem klaren *JA* oder *NEIN* für mich zu beantworten kamen gleich zehn neue und es entwickelte sich regelrecht eine Hydra. Um nach und nach diesen Haufen an Fragestellungen zu verkleinern, informierte ich mich über die zahlreichen Einsatzstellen im globalen Süden. Zu diesem Zeitpunkt wusste ich bereits eine Sache. Der entwicklungspolitische Freiwilligendienst sollte mit meinem naturwissenschaftlichen Studienabschluss harmonieren. Während meiner Recherche konnte ich die Optionen auf wenige Stellen reduzieren. Dabei fiel mir die Einsatzstelle „Parques Metropolitanos en Guadalajara" auf. Ich las die Zeilen der Beschreibung ganz aufgeregt:

„Grüne Lunge, Begegnungsorte, Biotope – Du arbeitest in den verschiedenen Stadtparks von Guadalajara und sensibilisierst dort die Bevölkerung der Stadt für Umwelt- und Naturschutz. Dies geschieht in Form von Workshops mit Erwachsenen, Jugendlichen oder Schulklassen. Ein besonderes Augenmerk liegt dabei auch auf der Förderung von sozial benachteiligten Kindern und Jugendlichen, denen häufig der Zugang zur Natur fehlt. "

Ich dachte, das klingt doch genau nach dem, was ich gesucht habe – *Sensibilisierung der Bevölkerung und Stärkung des zivilgesellschaftlichen Engagements für die Umwelt.* Zudem versteht sich der Stadtpark *Parque Metropolitano* als Vorreiter der urbanen Stadtparks in Guadalajara. Ich brauchte nicht weitersuchen. Kurzerhand meldete ich mich zum Kennlernseminar in Nürnberg an und schon konnte das Abenteuer beginnen. So dachte ich zumindest…

Kurz vor den Startlöchern wurden in Deutschland Straßensperren aufgebaut, ganze Bundesländer abgeriegelt, nächtliche Ausgangs- und Kontaktverbote verhängt und der weltweite Flugverkehr eingeschränkt. Ich erinnere mich noch genau, wie an der Bundeslandgrenze zwischen Brandenburg und Mecklenburg-

Vorpommern ein blinkendes Schild mit der Aufschrift – *Für touristische Zwecke ist die Durchfahrt verboten* – stand und zwei Kilometer dahinter die polizeilichen Kontrollstationen eingerichtet wurden.

Richtig! Ein erster großer Tiefschlag, denn die Coronapandemie hat nicht nur mich komplett kalt erwischt, sondern quasi den ganzen Globus. All meine Pläne für das Jahr 2020 verdünnisierten sich. Zu diesem Zeitpunkt lebte ich noch in Neubrandenburg und befand mich mitten in der Masterarbeit und knapp 5 Monate vor meinem eigentlichen Ausreisetermin. Trotz dieser Ereignisse hatte ich noch Hoffnung, mein Auslandsjahr zu realisieren.

Doch dann kam der Moment, an dem mir mein Bewusstsein riet: *„Okay, bleib jetzt mal rational. Was ist, wenn ich hier auf dem Holzweg bin? Gegen diese Bedingungen kann ich allein nichts ausrichten. Ich bin auch abhängig vom Träger, demzufolge davon, wie sich die Lage global entwickelt. "*

Die Lage in Deutschland war mir bekannt, doch nun erfuhr ich die weltweiten Auswirkungen beileibe. Denn während es noch passende Flüge nach México gab, konnten ich und alle Beteiligten die pandemische Lage über Europa hinaus nur schwer einschätzen.

Ich erhielt eine Mail, in der die Sachlage zur Ausreise beschrieben wurde und mir zu Alternativen geraten wurde. Ich dachte mir beim Lesen dieser Nachricht, obwohl ich damit schon gerechnet hatte: *Was für ein Sch***. Ich habe monatelanges Sprachtraining* *sowie Zeit in die Planung und Abstimmungen auf mich genommen, für nichts? Es muss doch eine Möglichkeit geben...*

Quälende Stunden, Tage und Wochen vergingen. Für welchen Weg soll ich mich entscheiden? Zu diesem Zeitpunkt hatte ich keine Ahnung, dass die jahrelangen Restriktionen zur Corona-„Bekämpfung" mir ganz andere Möglichkeiten bieten und ich trotzdem meine Ziele erreichen sollte.

Ich berücksichtigte die Hinweise meines Trägers. Ich zog angesichts der umfänglichen Einschränkungen zurück in mein Elternhaus nach Schönfließ. Schönfließ, wenn du das Dorf nicht kennst, wie wahrscheinlich 97 % der deutschen Bevölkerung, liegt an der nördlichen Grenze der Hauptstadt Berlins und zählt knapp 2.200 Einwohnende. Man mag es als überschaubares Dorf bezeichnen, das durch die Metropole und umliegenden Städte deutlich an Bedeutung als Wohnort gewonnen hat. Doch für mich ist es mehr als das. Für mich ist es ein Ort, der mich immer wieder von all den stressigen Alltagssituationen herunterbringt und mir ein verbundenes Gefühl gibt.

Zu dieser Zeit stand ich eng mit meiner Familie im Kontakt und redete über meine Befürchtungen. Sie zögerten nicht, mich in dieser Situation zu unterstützen. Meine Eltern bauten sogar mehr oder weniger wegen mir das halbe Haus um. Klar half ich, soweit es die Umstände erlaubten mit, aber die Hauptumsetzung machte mein Dad. Dafür habe ich mich nie richtig bedankt, aber ich bin innerlich mehr als tausendfach dankbar, denn damit fiel mir eine große Last ab!

Den zuvor aufgeführten Passus halte ich für so wichtig, denn um dieses Auslandsjahr zu realisieren, werde ich immer wieder auf Hilfen und Unterstützungen angewiesen sein. Seien es auch fast banale Dinge, dass jemand stellvertretend einen Brief zur Post bringt oder meine Ideen hinterfragt. Zudem ist dieser Rückhalt besonders wichtig, denn auch in schwierigen Lagen muss ich mich auf Unterstützung verlassen können. Schwierig, heißt nicht unbedingt verletzt oder krank zu sein, denn auch ein Leben an zwei Orten synchron zu führen, hat ebenfalls seine Tücken. México wird temporär mein Lebensort sein, doch es wird für mich ein Leben danach geben und ich hasse es, ohne Plan einen Weg entlangzulaufen!

Nachdem der Umzug vollendet war, konnte ich in Ruhe darüber nachdenken: *Was mache ich nun? Wie komme ich zu meinem Ziel? Und was brauche ich, um dieses Ziel zu erreichen?* Dabei verinnerlichte ich, dass ich immer einen Ankerpunkt auf der Welt haben werde. Egal, welchen Einfall ich habe. Im Umfeld meiner Liebsten scheint mir so vieles möglich zu sein. So erging es mir in der Tat. Nun war ich meiner Familie näher als in den fünf Jahren zuvor. Wahrscheinlich konnte ich dadurch meine Abschlussarbeit mit Bestleistungen abschließen, wodurch mir so viele Möglichkeiten für den weiteren Lebensweg offenstehen. Ebenfalls wusste ich schon zu diesem Zeitpunkt, dass es nicht das letzte Mal gewesen sein wird, dass ich den Anker brauche. Ich sollte Recht behalten…

Zurück zum Plan B: Für mich stand fest, ich werde mich auf eine Stelle bewerben. Doch ich war nach dem Verlust meines A Planes wie in einem Loch. Ich war negativ eingestellt und genauso ging ich zunächst auf die Fragen zu: *Wo will ich hin? Was will ich nun machen? Werde ich damit überhaupt glücklich? Ich will doch eigentlich ganz was anderes...*

Tausende Fragen und Überlegungen und nur eine zusammenhängende Frage half mir wirklich weiter. Um Klarheit für mich selbst zu gewinnen, stellte ich mir die relevante Frage: *Was erhoffe ich mir von dem Jahr in einem fremden Land und kann ich das in Deutschland in ähnlicher Art und Weise realisieren?*

Die Antwort war wieder ein klares *JA!* Auch wenn ich in Deutschland nie die Umstände erleben werde, wie sie in México sind, gibt es hier ebenfalls regionsspezifische Umgangsweisen, Dialekte und natürliche Erscheinungsbilder, die mich aus meiner sogenannten „Bubble" holen.

Der Landkreis Nienburg/Weser im Bundesland Niedersachsen gab mir eine berufliche Chance und eine Perspektive, mich persönlich weiterzuentwickeln. Ich wurde Regionalplaner und bekam den Zuschlag bei einer WG, sodass der Grundstein für einen aufregenden Lebensabschnitt gelegt war. Mit der befristeten Stelle war ich gezwungen, mir für die anschließende Zeit einen neuen Plan zu kreieren. Du wirst sicherlich schon erahnen, auf was das hinausläuft. Nicht ohne Grund nahm ich dieses Jobangebot an, denn ich hatte nie aufgehört, meinen Traum vom Auslandsjahr weiterzuverfolgen.

Um ehrlich zu sein, wie geil war meine Situation denn nun? Obwohl ich so niedergeschlagen war, konnte ich sämtliche Umstände miteinander verbinden und etwas Großes als Vorbereitung für kommende Lebensabschnitte entstehen lassen.

Am 01.09.2020 betrat ich das erste Mal mein Büro. Ich integrierte mich verstärkt in einzelne Themenbereiche, sodass ich schlussendlich nach einem Jahr Koordinator für die Atommüllendlagerung wurde. Mit Vorfreude und dem Ziel im Visier, nach einem Jahr in México zu sein, baute ich eine unheimliche Energie auf und sog alle Herausforderungen auf. Obwohl sie oft gar nichts mit dem eigentlichen Plan A zu tun hatten, fühlte es sich richtig an.

Doch das Schicksal hielt wieder eine Überraschung für mich bereit. Ich stand schneller vor der nächsten Entscheidung, als mir lieb war. Durch ein Arrangement erhielt ich die Möglichkeit, meine Tätigkeit auf zwei Fachbereiche auszubauen und um ein Jahr zu verlängern. Im Umkehrschluss würde ich ein Jahr länger auf die Realisierung des Freiwilligendienstes warten müssen. Ich fragte mich: *Werde ich nach dieser Verlängerung noch die Energie und die Motivation finden? Aber andererseits ist es eine unheimliche Herausforderung, mein Privatleben mit diesem Karrierepush zu koordinieren. Davon werde ich bestimmt später noch zehren können.*

Was hättest du an meiner Stelle gemacht? Hättest du warten können und den Karriere-Booster angenommen? Ich sage dir, was ich gemacht habe. Ich habe die zwei Stellen angenommen. Ich habe für mich entschieden, wenn es ein wirklicher Lebenstraum ist, dann habe ich noch in einem Jahr die Muße dazu und eventuell werden bis dahin die Corona-Restriktionen aufgehoben oder zumindest gelockert sein. Das kann schließlich nicht ewig so weitergehen. Und wieder sollte es genauso kommen. Ich weiß nicht, ob es Schicksal oder einfach nur die Kunst, ungespielt positiv zu bleiben, war.

Während dieser zwei Jahre bereitete ich mich diszipliniert auf das Abenteuer in México vor. Ab November 2020 habe ich nahezu täglich die spanische Sprache gelernt. Ob Vokabeln, Grammatik oder die Schärfung des Hör- und Sehverständnisses, ich versuchte alles Mögliche, da ich nie zuvor Spanisch als Unterrichtsfach hatte. Zusätzlich nahm ich mir zwei Bildungsurlaube für den professionellen Unterricht. Neben den Strapazen in puncto Kommunikationsvorbereitungen galt es, viele Programmpunkte umzusetzen. Um ehrlich zu sein, weiß ich nicht mehr, wie ich das neben den ganzen Tätigkeiten vollbracht habe. Nahezu mein ganzes Urlaubskontingent ging für Gesundheitschecks, Vorbereitungsseminare, Video-Calls mit dem mexikanischen Mentor Lalo sowie für die Visumbeantragung bei der mexikanischen Botschaft in Berlin wortwörtlich drauf. Mein Privatleben, soweit noch was davon übrig war, nutzte ich für kleine Erholungsphasen. Ich machte Sport, traf mich mit Freunden und fuhr zu meiner Familie. Für mich war es wichtig, in regelmäßigen Zeitabständen eine Distanz zu den Umständen zu bekommen und mich neu zu fokussieren.

Dies half mir, mein Vorgehen aus mehreren Blicken zu hinterfragen. Spannend und herausfordernd war die Zeit zwischen meinem Arbeitsvertragsende am 15.10.2022 und dem offiziellen Ausreisedatum 01.11.2022. Innerhalb dieses knapp zweiwöchigen Zeitraumes musste ich diverse Organisationen tätigen. Vor allem aus finanzieller Sicht gab ich meine WG-Zimmer ab.

So fragte ich meine Eltern, ob es möglich sei, mein Hab und Gut vorübergehend bei ihnen unterzustellen. Wie meine Eltern so sind, konnten sie mir den Gefallen nicht abschlagen. Nach dem „Go" trommelte ich neben meiner Familie meine besten Freunde zusammen und wir rockten den Umzug von Nienburg an der Weser nach Schönfließ an einem Vormittag.

4. Meine letzten Tage in der Heimat

In Schönfließ angekommen, blieb mir keine Zeit zum Durchatmen. Viele Kleinigkeiten mussten in eine richtige Abstimmung gebracht werden. *Wann melde ich das Auto ab? Wie kann ich meine finanziellen Kosten im Ausland bereits jetzt schon reduzieren? Wie organisiere ich die Fahrt zum Frankfurter Flughafen? Wie verabschiede ich mich von meinen Liebsten?*

Unzählige Fragen und dutzende To-dos, die mich beschäftigten. An viele Sachen habe ich nicht sofort gedacht, aber ich konnte aufgrund meiner Vorbereitung dem Prozess Zeit geben, sich zu entwickeln.

Nachdem ich mich mit einem guten Gefühl zeitlich Richtung Abreise bewegte, kam ein ganz besonderer Mensch nur wegen mir nach Schönfließ und vollendete die zunächst letzten Tage in Deutschland. Du wirst dich vielleicht fragen, von wem die Rede ist und warum ist dieser Mensch für mich ganz besonders? Wie du dich erinnerst, habe ich zur Vorbereitung an Bildungsurlauben teilgenommen. Während meines ersten Spanisch-Kurses in Hannover habe ich Bianca kennengelernt. Wir freundeten uns zunächst an, erzählten uns Geschichten, lachten mit den anderen Teilnehmenden und unterstützten uns schon damals beim Lernen. Ich erinnere mich noch genau, was Bianca bei der Vorstellungsrunde sagte, warum sie im Kurs saß. Ach, so romantisch, denkst du? Du wirst bestimmt bemerkt haben, dass hinter dem ganzen

Abenteuer México viele Stories versteckt sind, und bei dieser muss ich den Schweden danken!

Ihre Begründung fiel folgendermaßen aus: „Ich habe vor einigen Jahren versucht, Schwedisch zu lernen. Dann war ich in Schweden, und dabei habe ich gemerkt, dass die Schweden selbst eher Englisch reden... Also warum soll ich eine Sprache lernen, wenn ich dort auch mit englisch weiterkomme? In spanischsprechenden Ländern sieht das ein bisschen anders aus...!"

Diese Auffassung hat uns zur gemeinsamen Begegnung geführt. Also muss ich eigentlich den Schweden danken, die eher Englisch sprechen wollen, denn durch sie habe ich Bianca erst kennengelernt und an mich reißen können. Schon irre, wie sich einige Handlungen und Umstände, sogar erst vermeintlich unauffällige, Jahre später auf das eigene Leben auswirken können.

Bei all den ganzen Geschichten rückte die Ausreise immer näher. Nach und nach konnte ich die Punkte auf meiner Liste abhaken. Einer ganz oben auf meiner Liste war der Abschied von einem Großteil meiner Freunde, und möglichst viel Zeit mit Bianca und meiner Familie zu verbringen.

Am 29.10.2022 überredeten mich meine Schwester Wanu und Bianca zu einem Ausflug in die Hallen am Borsigturm in Berlin-Tegel. Bianca kannte den Ort nicht. Also freute ich mich, ihr wieder einen Teil meines Lebens zu zeigen. Da auf dem Weg Supermärkte lagen, brachte ich den Vorschlag hervor, noch fix

Besorgungen für meine Reise zu erledigen. Klingt erstmal sehr unspektakulär, doch das war es ganz und gar nicht.

Ich, typisch Deutsch, hatte natürlich die Uhr im Blick und wusste, wann die ganzen Geschäfte schließen. Meine herzallerliebste Schwester und meine wundervolle Freundin trödelten sich in den Einkaufsläden einen aus, das war wirklich nervenaufreibend. Nachdem sie auch ihre so wichtigen Einkäufe getätigt hatten, Bianca sagte mir im Anschluss, dass sie schon nicht mehr wusste, welche Artikel sie noch kaufen sollte, fuhren wir zu einem auf dem Weg liegenden Bowlingcenter. Da meine Schwester diesen Sport mit Leidenschaft betreibt, konnte ich ihre Frage, ob wir kurz vorbeischauen, nicht verneinen.

Micha, ein jahrelanger Mitarbeiter, begrüßte uns und meinte zu mir: „Die Anderen sind schon auf Bahn 12. Schuhe hast du wie immer selbst, oder?" Nichts ahnend, dachte ich innerlich: *Hä? Was zur Hölle ist denn mit den ganzen Leuten los? Die Beiden links und rechts von mir versauen den Ausflug durch ihre lahmarschige Art und Weise und Micha textet mich mit irgendwelchen wirren Sachen voll, dass irgendjemand wartet. Wieso sollte denn hier jemand warten? Wir wollen doch weiter...*

Ich folgte meiner Sis und dann sah ich, wer auf mich wartete! Ich war überwältigt und sprachlos zugleich. Ich konnte es wirklich nicht fassen und meine Freude gar nicht ausdrücken. Es dauerte einen längeren Moment, bis es bei mir ankam. Meine Family und meine wichtigsten Freunde aus Schönfließ und Berlin saßen da und warteten auf meine Reaktion!

Was für eine geile Aktion! Du hättest dabei sein müssen, wie viel Mühe und Energie sie in die Vorbereitungen gesteckt haben. Die beiden Bowlingbahnen waren komplett im Mexican-Style dekoriert und meine Liebsten haben sich mit Mini-Sombreros herausgeputzt. Wie du dir denken kannst, war das Bowlingspiel komplett nebensächlich, denn ich wollte jede Sekunde, jedes Gespräch und jeden Gedanken verinnerlichen und mit auf meine Reise nehmen!

Am Sonntag vor der Abreise ging meine Familie mit mir zum Restaurant Nikopolis, für mich weit und breit der beste Grieche. Im Restaurant an einer Tafel sitzend, merkte ich bereits an den Gesichtern, dass es einigen ziemlich schwer viel, zu begreifen, dass ich knapp ein Jahr nicht in der bisherigen Art und Weise erreichbar sein werde. Stand eine Geburtstagsfeier an, bin ich am Wochenende fix quer durch Deutschland zu ihnen gereist. Waren Feiertage oder Festivitäten wie Weihnachten oder Neujahr, konnte ich es im Vorfeld schon nicht abwarten. Natürlich war das andersherum genauso. Aber nun sieht das anders aus und darüber habe ich zwar nachgedacht, aber in der Realität fühlt es sich ganz anders an. Ich dachte an das Altstadtfest in Nienburg: *Alter Falter war ich besoffen...*

Aber genau diese Momente machen das Leben so unvergesslich und diese möchte ich mit den Verrückten auf keinen Fall missen! Während des Essens entwickelte sich in meinem Kopf der Gedanke: *Was ist, wenn all das, das letzte Mal war? All diese lustigen, verrückten und einmaligen Momente...*

Ich wusste nicht, was mich in México erwartet. Mit hoher Wahrscheinlichkeit werde ich mit meiner Rückkehr nicht mehr der Gleiche sein. Ich merkte, dass mich dieser Gedanke nicht weiterbringt, und verdrängte ihn, soweit es mir möglich war. Ich konzentrierte mich erneut auf das für mich Wichtige in diesem Moment und das war die Zeit mit meiner Familie!

Wie du sicherlich gemerkt hast, beginnt das Abenteuer nicht erst in México, sondern mit all seinen Phasen zuvor. Jedes einzelne Gespräch beim Chef, ob der Bildungsurlaub genehmigungsfähig ist, jede Unterhaltung mit der Freundin, wie die Fernbeziehung über diese riesige Badewanne – dem Atlantik – funktionieren soll, gehört ebenfalls dazu und ist auf keinen Fall zu unterschätzen. Dabei läuft eine riesige Entwicklung bei einem selbst ab.

Die letzten Stunden verrannten. Um den Reisestress möglichst auf mehrere Tage aufzuteilen, fuhren Bianca und ich noch am gleichen Tag nach Pattensen südlich von Hannover, wo Bianca ihre Wohnung hatte. Am Montag, dem 31.10.2022, machten wir uns gemeinsam auf den Weg nach Frankfurt am Main. Wir hatten uns ein gemeinsames Zimmer in der Nähe des Flughafens gebucht, um noch möglichst viel Zeit miteinander zu verbringen. Wir waren emotional so geladen, dass wir die gesamte Zeit im Hotel verbrachten. In der Spielecke des Hotels entdeckten wir einen Billardtisch und einen XXL-Jenga-Turm. Du weißt schon, der witzige Holzturm, der immer weiter emporsteigt, bei einer armen Seele einfach umkippt und alle sich erschrecken. Glaub mir, so eine Perfektion im Jenga-Turm bauen, hat man noch nicht gesehen. Um die letzten Etagen bauen zu können, mussten wir schon aufstehen, aber schlussendlich passierte trotzdem, was unumgänglich war. Der Turm fiel...

Kaum die Nacht geschlafen, standen wir am nächsten Morgen für unser stärkendes Frühstück auf. Das Hotel hatte ordentlich aufgetischt, aber mein Hunger lag weiterhin im Bett. So langsam machte sich in mir ein unangenehmes Gefühl breit. *Sch****, was mache ich hier? Was tue ich meinen Liebsten eigentlich an? Und was tue ich Bianca gerade an?*

Der Plan existierte nicht erst seit gestern und Bianca wusste seit dem Kennenlernen, dass ich diese Reise, dieses Abenteuer vorhabe. Aber verdammt, es brach mir das Herz, sie so zu sehen! Am Flughafen bei der ersten Schleuse musste ich sie nach unzähligen Tränen losschicken, weil die Situation mich einfach überforderte. Ich wusste, dass sie stark ist und der emotionale Moment zu dieser Reaktion beitrug. Trotzdem hat es in mir etwas ausgelöst, dass ich als „Magic Point" festlegen möchte.

Du wirst auf dieser Reise viele Magic Points kennenlernen. Es sind wesentliche Veränderungen meiner Ansicht und prägende Momente, die ich ohne diesen Lebensabschnitt so nicht erfahren hätte. In diesem Fall wusste ich, dass Bianca aus Liebe zu mir weinte, aus Sehnsucht und auch aus Angst, was mit unserer Beziehung und mir passieren würde. Aber im gleichen Moment wusste ich, wenn die Liebe, das Vertrauen und die Motivation bestehen bleiben, auch wenn wir uns persönlich über das Jahr weiterentwickeln, wird uns das Jahr stärken, so wie unsere Beziehung zueinander. Und im Ernst, wer an dieser Stelle anders denkt, kann es aus meiner Sicht gleich bleiben lassen, denn eine aufgezwungene Beziehung macht zwangsläufig immer unglücklich!

Nun stand ich komplett allein auf mich gestellt im Flughafen, durchquerte die Sicherheitskontrollen und telefonierte noch kurz vor dem Abflug mit Max. Wir quatschten über die Dinge, die mir durch den Kopf gingen. Es brachte mich in diesem Moment emotional auf den Boden und die dreistündige Wartezeit verging wortwörtlich „wie im Flug".

Beim Gate angekommen, war ich von mexikanisch aussehenden Personen umgeben. Eigentlich alle sprachen Spanisch, bis sich in meiner Nähe ein señor – ein Herr hinsetzte und mich auf Deutsch fragte: „Und warum reist du nach México?" Ich erzählte ihm von meinem Vorhaben. Im Gegenzug erfuhr ich, dass er Kieferchirurg sei. Er gab mir unzählige Tipps und empfahl mir unbedingt, Tacos al Pastor auszuprobieren. Ich schrieb mir das sofort auf meine To-do-Liste, auch wenn ich zu diesem Zeitpunkt keinen blassen Schimmer hatte, was das sein sollte. Ich nahm seine Ratschläge aber dankend an.

Nach dem interessanten Gespräch stand ich vor diesem riesigen Vogel. Nun kümmerten mich ganz andere Impressionen. Der Anblick, dass dieses Flugzeug vier Triebwerke und eine enorme Größe hat, beeindruckte mich sehr. Es war mein erster interkontinentale Flug und ich muss schon sagen, mir ging vor dem Start richtig die Muffe. Denn als ich meinen Platz im Flieger eingenommen hatte, gab es kein Zurück mehr. Neben mir saß, wie sollte es auch anders sein, ein Mexikaner. Wie so typisch hieß er Hérnandez und wir unterhielten uns in drei Sprachen. Dadurch verging der Flug wie im Nu und schon bald setzten wir zum Landeanflug an.

5. Touchdown Baby – Viva México

In der nächtlichen Dunkelheit überflogen wir die Megastadt Mexico-City, die zugleich mein erstes Reiseziel war. Mir fehlten die Worte, denn die Dimensionen dieser Stadt sind kaum zu begreifen. Vom Flugzeug aus war ein Ende, wenn überhaupt nur zu erahnen. Aus meinen Gedanken gerissen, rumste es einmal. Hérnandez schaute mich an und meinte: „¡Touchdown Baby y bienvenido en México!"

Nun begann die abenteuerliche Geschichte in México. Zunächst musste ich durch die migración des Flughafens. Um über die 180 Tage für Urlaubsreisende hinaus in México bleiben zu können, musste ich streng darauf achten, dass im Reisepass das Canjé-Verfahren eingetragen wird. In den anschließenden 30 Tagen muss ich dann meine Aufenthaltserlaubnis in der Migrationsbehörde von Guadalajara beantragen. Während sich diese schlussendlich kleine Herausforderung löste, stellte sich die Suche nach meinem Anschlussflug als deutlich schwieriger heraus.

Mit einem verklemmten „¿Buscando el aerotrén, dónde puedo encontrarle?" fragte ich Flughafenmitarbeiter, wie ich zum Terminal 2 für Inlandsflüge komme. Ich überwand die Scham und die Angst vor dieser ganzen Ungewissheit. Schließlich war es das erste Mal für mich in México, Spanisch zu reden. Doch mit einem vollen Koffer mitten in der Nacht einige Kilometer zum anderen Terminal zu laufen, kam mir als viel größeres Horrorszenario gleich.

Nach ein wenig Suchen und unzähligen Fragen fand ich den Zug. Ich beobachtete andere Passagiere und erkannte an den Zetteln an ihren Koffern, dass einige ebenfalls aus Frankfurt kamen. Einen Mann mit solch einem Zettel fragte ich: „Are you from Germany?" Zu meiner Erleichterung bejahte er und wir stiegen gemeinsam in den Zug.

Während der Fahrt erzählte er mir wahnsinnige Geschichten. Ihm wurde berichtet, dass vor kurzer Zeit wieder jemand in Ciudad de México ermordet wurde. Es handelte sich hierbei um einen Arbeitskollegen von ihm. Ohne wirklich Angst oder Ehrfurcht bei ihm zu erkennen, gibt er mir zu verstehen, dass diese Mordfälle oft mit politischen und gesellschaftlichen Hintergründen geschehen. Persönlich sei ihm noch nichts passiert, aber über die üblichen drei Ecken höre er öfter von diversen gewalttätigen Überfällen.

Ich schluckte, denn in den Vorbereitungsseminaren hörten sich diese Umstände so fern an. Doch nun schaute ich aus dem Fenster des Zuges, wo genau diese Situationen in einer Vielzahl geschehen. Und das aus einem Mund zu hören, der offensichtlich viele Erfahrungen über die Stadt gesammelt hat, zeigte mir, ich bin jetzt nicht mehr in meinem überschaubaren Heimatdorf!

Noch auf der weiteren Reise nach Guadalajara war dies ein Thema für mich, aber zunächst suchte ich Sala M. Ich schaute an den Unmengen von Schildern, aber natürlich war das Sala M für mich nicht sichtbar ausgeschrieben. Ich irrte durch das Terminal, fragte unzählige Leute, aber irgendwie half mir das Alles nicht weiter. Ich fragte also bei dem Serviceschalter nach. Die gute Dame hinter dem Servicepoint redete aber so schnell, dass ich kein einziges Wort verstand. Was ich verstand, war ihre Handbewegung. Indirekte Sprache ist doch fast universell anwendbar. Sala M befand sich also irgendwo hinter ihrem Servicepoint. Ich stampfte mit meinem Gepäck und mehr als 18 Stunden Reisezeit in eine riesige Halle, wo lauter Nummern und Flüge angezeigt wurden. *Aber wo ist dieser Sala M zu finden?*

Hartnäckig, wie ich bin, ging ich dort zum nächsten Serviceschalter in der riesigen Halle. Ein Mitarbeiter erklärte mir auf Englisch, dass ich mich schon im Sala M befinde. Es war also diese riesige Halle. Ich dachte: *Was für ein Spektakel, aber gut zu wissen, dass mein Gate erst eine Stunde vor Abflug feststeht. Na, wenigstens ist das erstmal geschafft.* Tatsächlich stand, wie nach deutscher Manier, eine Stunde vor dem Abflug mein Flug an den riesigen Bildschirmen. Voller Zufriedenheit, diese Strapaze gemeistert zu haben, setzte ich mich ins Flugzeug, das mir nach dem ersten Flug wie eine Nussschale vorkam.

Da ich allein reise und keinen Sitznachbarn neben mir habe, habe ich nun Ruhe, um neue Gedanken zuzulassen. Dabei will ich Vorurteile nicht direkt in mein Bewusstsein lassen, aber nach einigen eigenartigen Gesprächen und den für mich ungewöhnlichen Umgangsweisen beunruhigt mich doch eine Kleinigkeit im Flugzeug. Eine winzige Sache, die ich so aufbausche, dass ein unheimliches Unwohlsein in mir emporsteigt.

Ich schaue zwei Reihen vor mir an die Decke des Flugzeugs und eine flackernde Lampe lässt in mir den Gedanken aufkommen: *Sag mal, ist das hier überhaupt sicher? Die Lampe flackert schon ein bisschen doller als sie üblicherweise sollte. Wie werden diese Flugzeuge hier in México überhaupt gewartet?*

Ich will den Mexikanern und Mexikanerinnen nichts unterstellen, aber Filme und Reportagen, die ich mir vor meinem Trip angeschaut habe, zeigten häufig alte zusammengeflickte Autos. Da das Flugzeug, in dem ich saß, gefühlt eine halbe Stunde auf dem Rollfeld stand, konnte ich anderen Flugzeugen bei ihren Landungen zuschauen. Ich stellte fest: *Ey, gerade sind zehn Flugzeuge heile vor uns gelandet und raus komme ich eh nicht mehr, also fang an zu entspannen und genieße die Minuten in der Luft!*

Mit voller Schubkraft trat ich die letzte Etappe nach Guadalajara an. Kurz nach dem Abheben erinnerte ich mich an das Gespräch mit dem deutschen Herrn im aerotrén. Genau in diesem Augenblick sah ich auf dem Boden ein gelbes Aufleuchten. *War das ein Mündungsfeuer? Verdammt, das war doch ein Mündungsfeuer! Oder vielleicht doch nicht?*

Ich weiß bis heute nicht, ob mir meine Wahrnehmung aufgrund der Reiserei einen Streich gespielt hat oder es tatsächlich so war. Ich grübelte lange und suchte während des weiteren Aufstiegs weiter den Erdboden ab, um irgendwo anders eine Bestätigung zu finden. In der Ferne über Ciudad de México erschien ein Gewitter und zahlreiche Blitze erhellten den Himmel. Zu diesem Zeitpunkt hatte ich das Gefühl: *Fängt gut an mit dem Abenteuer. Ich glaube, es wird ein prägendes Jahr.* Kurz danach übermannte mich die Müdigkeit und ich schlief ein.

„¿Señor, señor quiere nueces? Ich öffnete meine Augen und sah einen Flugbegleiter, der mir eine Packung voll Nüsse hinhielt. Ich dachte: *Was zur Hölle, warum lässt er mich nicht einfach schlafen?* Ich nahm die Nusspackung, bedankte mich für diesen Snack und registrierte, dass der Powernap mich derart regenerierte, dass ich bis zur Landung kein Auge mehr zu machen konnte. Ich war bereit für die Ankunft. So sollte es kommen.

Nach der Kofferabholung erwarteten mich Lalo und Martín, der zusammen mit Alex das Haus für mich und Elisa, eine andere Freiwillige, zur Verfügung stellte. Im Auto machten wir uns auf Englisch miteinander bekannt. Ich wollte so viel wie möglich erfahren. Nach knapp 24 Stunden Non-Stopp-Reisen fiel es mir jedoch schwer, meine Konzentration aufrechtzuerhalten. Ich war zwar müde und restlos erschöpft, doch mir war weiterhin bewusst, welches Glück ich habe, die kommende Zeit hier zu verbringen. Nachdem Martín und Lalo mir mein Reich und das Haus gezeigt haben, bedankte ich mich bei den beiden für ihre herzliche Aufnahme.

Bist du mal in México und möchtest Gastgeschenke mitbringen, dann hol leckere Schokolade, pack es in hübsches Geschenkpapier und du wirst jemanden ziemlich glücklich machen. Versprochen!

6. Rein ins neue Leben...

So beginnt also mein langersehnter Traum von einem Auslandsjahr und ich stehe nach vier Stunden Schlaf vor meinen Mitbewohnern, die ich knapp ein Jahr um mich herum haben werde. Ich merke sofort, dass wir ein ziemlich durchmischtes Quartett sind. Die Altersspanne beträgt knapp 25 Jahre, dazu kommen unterschiedliche Geschlechter und dass quasi jeder sich in einem anderen Lebensabschnitt befindet. Elisa scheint sehr aufgeweckt zu sein und bietet mir schon nach den ersten Minuten an, mich zu einem Tianguis mitzunehmen. Ich denke mir: *Tian..., bitte was?*

Ich frage nochmal nach und verstehe, dass es irgendwas sein muss, wo ich Lebensmittel kaufen kann. Elisa bemerkt meine Unsicherheit und erklärt mir, dass es sich um einen Markt handelt, wo Händler und Händlerinnen ihre Früchte, frisch geschlachtetes Fleisch, Kleidung und diverse andere Produkte anbieten. Ich habe zwar noch keinen Hunger, aber vielleicht regen mich der Gang auf dem Markt und das dortige Essen an. Das erste Mal am helllichten Tage auf mexikanischen Straßen unterwegs zu sein, fühlt sich schon sehr merkwürdig an. Aber im Ernst würde dir ein Reifen zerstochenes Auto gegenüber deiner Haustür Sicherheit und Geborgenheit verspüren lassen? Und wieder die Frage, die in mir auftaucht: *Auf was habe ich mich hier eingelassen?*

Noch während ich mir dazu Gedanken machen will, erwartet mich drei Straßen weiter schon der nächste Kulturschock. Die gesamte Straße ist übersät mit Ständen, die mich sehr an die Märkte an der deutsch-polnischen Grenze erinnern. Ich kenne ebenfalls türkische Bazare oder die La Rambla, aber hier fühlt es sich nochmal ganz anders an. Leute rufen, um ihre Waren anzupreisen. Vor meinen Augen werden gerade noch lebende Tiere zerlegt und auf der anderen Seite Wellensittiche, Schildkröten und andere Tiere frei verkauft. Mit Erstaunen sehe ich an einem Stand einige Zierfische, zum Teil Kampffische, die in kleinen Plastikbeuteln mit etwas Wasser angeboten werden. Ich erinnere mich, wie ich und meine Eltern Fische für unser Aquarium geholt haben. Auch diese wurden in Plastikbeuteln vom Aquaristik-Shop zu unserem Aquarium gebracht, aber weiß Gott nicht einen ganzen Vormittag in der prallen Sonne.

Bei meinem Staunen fange ich einen eigenartigen Geruch mit meiner Nase ein, der nicht gerade mein nicht vorhandenes Hungergefühl weckt. Im Gegenteil, ich frage Elisa: „Sag mal, was riecht denn hier so komisch? Der Geruch ist ziemlich unangenehm!" Elisa schaut mich erstaunt an und meint: „Meinst du die Maistortillas? Wenn du die nicht magst, wirst du sehr große Freude bekommen. Die Mexikaner essen die zu fast allen Gerichten…!"

Prost Mahlzeit! Ich habe mich wohl verhört. Das darf nicht wahr sein. Das essen die Mexikaner und Mexikanerinnen zu allem? Und zur Hölle, was esse ich dann? Ein unliebsames Gefühl packt mich und ein innerer Druck stößt in mir hoch. Mein Inneres belächelt mich etwas und sagt: „Ich glaube, du hast das kommende Jahr eine ziemliche Herausforderung vor dir." Der anmutende Geruch, der gerade zerlegten Tiere tut sein Übriges.

Meine Gedanken schwenken um. *Gibt es hier gar keine „normalen" Geschäfte, wo man einfach in den Laden gehen und sein Essen kaufen kann?* Ich traue mich noch nicht, Elisa zu fragen, die gerade voller Freude mit den Händlern um die Preise feilscht. Ich erkunde derweil einen Obststand. Mit gebrochener Stimme frage ich den Händler: „Cúantos cuestan las frutas?" und zeige auf die Weintrauben, deren spanisches Wort ich natürlich noch nicht kannte. Er antwortet mir: „Las uvas? Cincu…" und hält mir eine Traube zum Kosten vor die Nase. Ich denke mir: *Danke Meister, aber ich habe kein Wort verstanden. Was soll ich jetzt machen? Soll ich das Angebot ausschlagen oder die verdammte Weintraube kosten, die weder abgespült, noch den Eindruck hinterlässt, mich unverwundbar zu machen.* Was hättest du jetzt gemacht?

Ich entscheide mich für das Essen dieser Traube, denn hey, es ist kostenlos, und dann weiß ich auch, was ich kaufe. Anschließend halte ich ihm einen Geldschein hin und bekomme im Gegenzug ein Kilo Weintrauben und mein cambio – das Wechselgeld.

Auf dem Weg durch die Standreihen wird meine Sorgenfalte nochmal drastisch tiefer. *Alles klar, ein Jahr werde ich mich nur von Früchten eines Standes ernähren, wo man mich vielleicht abzieht, und verstehen tue ich die Verkäufer und Verkäuferinnen aktuell erst recht nicht. Und wie wird sich die Weintraube auf meinen Magen auswirken?*

Wieder bei unserer casa mexicana angekommen, räume ich meine ersten Einkäufe in den gemeinsamen Kühlschrank. Neben den Weintrauben habe ich mir für die kommenden Tage noch andere Früchte und Lebensmittel gekauft. Beim Einräumen muss ich dennoch wirklich tief durchatmen, um nicht in Panik zu geraten. Die ersten Eindrücke haben mich doch etwas aufgewühlt und, um mich zu beruhigen, gehe ich in mein Zimmer.

Da ich durch die Aufregung nicht zum Schlafen komme, beschreibe ich dir erstmal meine Unterkunft für das kommende Jahr. Im Obergeschoss haben alle, bis auf Alex und Martín, ihre eigenen Zimmer. Während an das Zimmer von Alex und Martín ihr separates Badezimmer anschließt, befindet sich neben meinem Zimmer das Badezimmer von Elisa und mir. Im Erdgeschoss gibt es ein Wohnzimmer, das auf der einen Seite als Leseecke und auf der anderen Seite als TV-Ecke dient. Dazwischen steht ein Esstisch, an dem sich der Durchgang zur Küche anschließt. Neben der Küche erreicht man eine nicht überdachte Waschküche, in der sich ein gasbetriebener Wasserboiler, Wäscheleinen und Reinigungsmaterial befinden. An diesem offenen Raum schließen eine Kammer mit Waschmaschine und Lagerraum an. Zurück zur TV-Ecke erreiche ich das abschließbare Büro, von dem ich bei offener Tür direkt in den Vorhof schauen kann. Besonders in den warmen Monaten ist dieser Vorhof ein Platz zum Relaxen, was sich durch die vielen Topfpflanzen und Sitzgelegenheiten förmlich aufdrängt. Vor allem das Grün überdeckt den mindestens 2 m hohen, undurchsichtigen Blechzaun, der uns vor Einbrüchen und neugierigen Blicken von der Straße schützt.

BamBam... Mich reißt ein Klopfen an der Zimmertür aus meinen Gedanken. Ich höre, dass Martín vor meiner Zimmertür steht, und als ich sie öffne, grinst er mich schon an. „Estás listo?", fragt er mich. Ich bin doch sehr verwundert. *Was meint er und wo will er hin?* Mit völliger Überraschung erzählt er mir etwas vom „Dia de los Muertos". Ich dachte bis zu diesem Zeitpunkt, dass dieser nur am 1. November jeden Jahres stattfindet, und ich deswegen die vergangenen Tage schon enttäuscht darüber war, eines meiner persönlichen Highlights nicht live in México erleben zu können. Doch ich werde eines Besseren belehrt. Mit Alex Auto machen wir uns auf zu einem Dorf in der Metropole Guadalajara.

Während der Fahrt erfahre ich von meinen Mitbewohnern, dass die área metropolitana – die Region Guadalajara aus mehreren municipios – Gemeinden und Zonen, wie der Altstadt Guadalajara, besteht. Die Zonen unterscheiden sich sehr stark. So bekomme ich zum ersten Mal mit, dass einige Gegenden besonders gefährlich sind. Oft liegen die Übergangsbereiche, die besonders in der Dunkelheit zu meiden sind, inmitten von rivalisierenden Gangs. Während den Erzählungen über die seguridad privada, einer Dienstleistung, die durch Unternehmen oder Privatpersonen bereitgestellt wird, um Schutz von Personen, Eigentum oder Informationen zu gewährleisten, und den Machenschaften der Kartelle hält Alex in einer kleinen Gasse an. Wir sind angekommen und stehen mitten in dem Dorf Tlaquepaque. Es ist ein Pueblo Mágico – ein magisches Dorf, das durch die Regierung wegen seines kulturellen Reichtums, seiner Architektur, seiner Traditionen und seiner natürlichen Schönheit als Ort mit einem authentischen Einblick in das Erbe Mexikos eingestuft wird. Das Programm wurde 2001 ins Leben gerufen, um den Tourismus in weniger bekannten, aber dennoch bedeutenden Orten zu fördern. Jeder „Pueblo Mágico" hat einzigartige Merkmale, die ihn besonders machen, sei es durch koloniale Architektur, indigene Traditionen, farbenfrohe Feste oder atemberaubende Landschaften. Nun stehe ich in einem dieser Dörfer, das in der Millionenstadt Guadalajara eingegliedert ist. Gegenüber der Zone La Calma – die Ruhe, wo ich bei Alex und Martín untergebracht bin, existieren hier unzählige Verkaufsläden und Wandbilder. Die Gassen hier sind so farbenfroh, dass sie einen ganz besonderen Charme ausstrahlen. Angekommen auf einer Hauptgasse, die doch erheblich breiter als die anderen ist, strahlen mich einige der wesentlichen Elemente des „Dia de los Muertos" an. Mit Elementen meine ich insbesondere die Altäre, deren Variationsreichtum riesig ist. Das ganze Dorf greift den aktuellen Anlass auf, veranstaltet Wettbewerbe und stellt unheimlich detailreiche Ausstellungsstücke zum „Tag der Toten" aus. Einige Details bei den Altären wiederholen sich, weshalb ich Martín frage: „¿Cúales cosas son típicas para las altares en México?" – Also welche Dinge sind typisch für die Altäre, besonders in México? Zufälligerweise kommen wir gerade an einem Schild vorbei, auf dem beschrieben ist, dass die einzelnen Etagen der Altäre besondere Bedeutungen haben. In der

Regel werden sie mit Spiegeln, Erde oder Sand, Kreuzen, craneos – dekorierten Totenschädeln und ganz wichtig die cempasúchil oder flores de muertos – Pflanzen der Toten gestaltet. Die wichtigsten Elemente sind jedoch die Bilderrahmen mit Fotos, die an die Verstorbenen erinnern und ins Bewusstsein der Lebenden rufen.

Während einzelne Altäre spezielle oder einzelne Personen wie Diego Maradona würdigen, wurden andere aus gewerblichen Zwecken aufgestellt. Dem Gesamtensemble tut dies keinen Abbruch. An vielen Stellen sind ebenfalls La Catrina als symbolische Figur des „Dia de los Muertos" und andere lebende Skelette anzutreffen.

Bei all dem Bewundern tritt langsam die Dunkelheit ein und Tlaquepaque erscheint in einem ganz anderen Licht. Die Straßen und Gassen sind voll von Leuten, die feiern und die Zeit genießen. Zwischenzeitlich habe ich ein ungutes Gefühl, denn ich kann die Situation nicht einschätzen, und mein fehlender Hunger sowie der wenige Schlaf verstärken dieses Gefühl. Doch auf einmal erkenne ich Lalo in der Menschenmenge, der auf dem Weg zu uns ist. Ohne dass ich es mitbekommen habe, hat er bereits in einem Restaurant einen Tisch reserviert, um mit uns gemeinsam zu essen. Ich frage Lalo: „Zu welchem Restaurant gehen wir?" Er antwortet mir: „Das ist ein sehr populäres und traditionelles Restaurant hier in Tlaquepaque." Ich kann zwar nicht so viel mit der Antwort anfangen, aber es beruhigt mich etwas, dass wir nun doch eine ziemlich große Gruppe sind.

Am Restaurant angekommen, bekommen wir umgehend unseren Tisch zugewiesen. Leider lässt mein Hungergefühl immer noch sehr stark auf sich warten und ich bekomme nicht wirklich etwas herunter. Mir ist das ziemlich unangenehm, denn ich will nicht ablehnend wirken, aber es geht partout nicht anders. Ich probiere zwar ein paar Häppchen und das mexikanische Bier, aber mir kommt plötzlich wieder dieser Maisfladengeruch in die Nase. Ich sehne mich gerade nur nach einem ruhigen Zimmer, wo ich die heutigen Erlebnisse verdauen kann…

Zurück in der WG gehe ich schnurstracks in mein Zimmer und bin tatsächlich ziemlich überfordert. Ich habe das Gefühl, nicht zurecht zu kommen. Klar, es ist mein erster Tag und ich wusste schon vorher, es kommen solche und solche Tage, aber in der Situation gefangen zu sein, schlägt mir schon auf mein mentales Wohlempfinden. Ich hoffe nur, die kommenden Wochen sensibilisieren mich und ich kann mich auf México einlassen.

Die nächsten Tage wurden jedoch nicht viel besser. Ich hatte mir den Start hier in Guadalajara doch anders vorgestellt. Ständige Magenprobleme, die aus meiner Sicht weniger dem Essen geschuldet sind, Kopfschmerzen und Sehnsucht zum getrauten Heim lassen schon in den ersten Tagen die Gedanken in meinem Kopf auftauchen: *Ist das wirklich das Richtige für mich? Warum soll ich mich so fühlen, wenn es mir in Deutschland doch viel besser gehen könnte?*

Ich entschließe mich, einige Telefonate mit Bianca, Freunden und Familie zu führen. Dabei merke ich immer mehr, wie mir die ersten Tage und die Reise zugesetzt haben, was ich vorher nicht in der Art und Weise bemerkt hatte. Mir ist klar, dass nur ich etwas an der Situation ändern kann, und vielleicht ist der Kontakt nach Deutschland nur begrenzt hilfreich. Der Kontakt hält meinen sozialen Lebensbereich in Deutschland aufrecht, aber dafür schränkt er umso mehr in meiner neuen Umgebung ein. Für mich entwickelt sich immer mehr ein Balance-Spiel. *Wie schaffe ich es, meinen Sorgen entgegenzutreten und gleichzeitig meine Freundschaften in Deutschland so zu pflegen, dass ich mir in México ebenso ein Standbein aufbauen kann?* Ich habe mit mir zu kämpfen und weiß, dass dieser Zustand nicht das ganze kommende Jahr anhalten darf. Was also tun in dieser Situation? Mich ins Zimmer verkrümeln und hoffen, dass mich jemand rausholt? Mich einfach für sämtliche Aktionen krankmelden?

Ich stehe innerlich vor einer Entscheidung. Ich weiß zwar nicht vor welcher, aber es fühlt sich einfach so an, als ob sich ein Druck aufbaut, der eine Entscheidung von mir verlangt. Hierbei geht es wohl um den Umgang mit meinen Sorgen und Ängsten. Von meinen damaligen Arbeitskollegen hatte ich unter anderem ein Buch - *Meine geilste Lücke im Lebenslauf – 6 Jahre Weltreisen* von Nick Martin – geschenkt bekommen. Ich weiß, ich bin auf keiner Weltreise in dem Sinne, sondern ich lerne einen winzigen Punkt in einem so großen Land über ein Jahr etwas genauer kennen. Während ich das Buch lese, imponieren mir einige Inhalte dermaßen, dass ich erneut in meiner Denkweise bestärkt werde, dass es sich hier um einen Prozess handelt. Für mich kristallisiert sich ebenfalls heraus, dass ich große Probleme mit der Sprachbarriere habe. Ich rede sehr gerne auf den Punkt gerichtet, und zum ersten Mal in meinem Leben muss ich viele Umschreibungen für einfache Kontexte und Inhalte finden. Dazu kommt die Angst vor dem Versagen. Ich gerate während des Sprechens in eine Stresssituation, eine Art Test. Jemand fragt mich, so wie der Lehrer seine Schüler. Ich als Schüler werde auserwählt und suche in meinem Kopf nach der passenden Antwort und den richtigen Wörtern. So ergeht es mir ständig bei Konversationen, und bevor ich meine Lösung parat habe, vergesse ich sehr oft die eigentlich gestellte Frage. Ich will nicht als Volldepp dastehen, sondern die Leute verstehen, so als würde ich seit meiner Geburt mexikanisches Spanisch sprechen. Das war zumindest mein Wunschdenken in der Vorbereitung.

Ich suche mir also naheliegende Möglichkeiten, um Lösungen zu entwickeln, aber die lagen weiß Gott nicht in meinem verdammten Schlafzimmer. Ich entscheide mich für einen Weg, den ich als weiterführend betrachte. Im gleichen Moment schickt mir meine Freundin Bianca eine so pushende Nachricht mit dem Inhalt: *Auf den Kopf gefallen, bist du sicherlich nicht.* Mit diesen Gedanken und dem Zuspruch gehe ich für einen kleinen Spaziergang aus dem Haus. Auf dem Weg sehe ich, wie vom Schicksal gerufen, den Slogan: *¡Solo vives una vez!* und der kommt wie gerufen. Ja, verdammt, ich lebe nur einmal!

Unfassbar, dass mir erst eine Eisdiele in México mein Bewusstsein dahingegen schärft. Ich fühle mich sogar von mir selbst dabei ertappt und kann ein Grinsen nicht verbergen. *Sieh die Situation als Herausforderung und wachse daran!*

Ich habe nun die ersten Tage in meinem vorübergehenden neuen zu Hause erlebt. Ich stecke mitten in den ersten Höhen und Tiefen. Ich spüre, es werden bei weitem nicht die Letzten gewesen sein. Aber was bringt es jetzt schon, mir über das zukünftige Leid Gedanken zu machen? Ja, richtig, ich verstehe diese Situation als eine Form des Leidens, aus dem ich stärker als zuvor heraustrete. Doch die Gedanken um zukünftige, nicht kalkulierbare Situationen ruinieren mir doch nur meinen jetzigen Moment. Sie kommen einfach, wann sie wollen, und besonders zurzeit sind solche Schwankungen von Gemütslagen an der Tagesordnung.

Um mich von den Ups and Downs etwas abzulenken, gehe ich meinen Hausaufgaben nach. Mein Träger hat mir Dokumente zur Verfügung gestellt, um den Ablauf in México zu erleichtern. Haken an dieser Sache ist, dass ich zum Ausdrucken zur imprenta – der Druckerei muss und diese ist gar nicht so leicht zu finden...

7. Erfreue Dich an den kleinen Dingen!

An dem Schild mit der Aufschrift *Imprenta* angekommen, suche ich den richtigen Eingang. Es kommt mir dabei vor, als stehe ich im Flughafen von Ciudad de México und suche diesen verflixten aerotrén. Ich denke mir: *Ok, das Ziel wird schon irgendwo sein. Ich muss nur genau hinschauen und ein bisschen Geduld mitbringen.*

Ich klappere jedes Geschäft ab, das mir Google-Maps in der Nähe der imprenta anzeigt. Der Gedanke: *Komm lass gut sein... suche ich mir die nächste Druckerei*, wuchs gerade enorm. Doch plötzlich sehe ich *entrada abierta*. Yes, den Eingang gefunden und sie hat noch geöffnet.

Wie ich mich über solch fast banalen Dinge so freuen kann... Einfach unbeschreiblich. Mich empfängt eine junge Frau und lächelt mich an. Ich bin innerlich sehr aufgeregt und fühle mich wie ein kleiner Junge, der auf seine Weihnachtsgeschenke wartet. Ich erkläre der Verkäuferin so selbstsicher, wie es geht, dass ich neu in der Stadt bin, einen Freiwilligendienst mache und dafür nun Dokumente ausdrucken müsse. Ich bin froh, dass sie mich dabei versteht, jedoch antwortet sie mir so schnell, dass ich die nicht verstehe. Hier haben wir wieder die Stresssituation – *Oh mein Gott, was mache ich? Ich verstehe sie nicht.* Nach meinem „Lo siento, pero no lo entiendo" schauen wir uns beide an und fangen an zu lachen. Sie wiederholt ihre Aussage und erst dann checke ich, was sie von mir will. Ich soll meine Mail aufrufen, damit sie diese an ihren Computer schicken kann, um sie dort aufzurufen und auszudrucken. Manche Leute erzählen Geschichten, in denen sie von Harpunen angeschossen oder von Bergaffen attackiert werden. Manchmal sind es aber die kleinen Dinge und scheinbar harmlosen Situationen, die einem im Kopf bleiben, prägen und gerne weitererzählt werden. Nach meinen Erfahrungen gibt es immer mal konfuse Situationen an Flughäfen oder Probleme, den richtigen Weg zu finden, aber solche Gespräche, in denen es um eine kleine Sache geht und die durch Missverständnisse so groß werden, sind für mich schon atemberaubend.

8. Im Reich der Fantasmas

Ein internationaler Freiwilligendienst heißt nicht in erster Linie feiern, Party und Urlaub. Da ich den Inhalt nicht treffender formulieren kann, hier eine kurze Beschreibung:

Ein Freiwilligendienst ist ein freiwilliger Einsatz einer Person in einer gemeinwohlorientierten Einrichtung in einem zeitlich festgelegten Rahmen zwischen einigen Wochen und einem ganzen Jahr oder mehr. In der Regel wird dieser Einsatz ganztägig geleistet und bei längeren Freiwilligendiensten durch Taschengeld, Unterkunft, Verpflegung und Versicherung abgesichert. [1]

Demzufolge habe ich hier in México eine sogenannte Dienststelle, in meinem Fall die Organisation AMBU - La Agencia Metropolitana de Bosques Urbanos, die die Verwaltung mehrerer Stadtparke im Auftrag des Staates in Guadalajara übernimmt. Um meine Dienststelle kennenzulernen, haben Lalo, der Direktor von AMBU und ich einen gemeinsamen Kennenlerntermin vereinbart. Bevor ich dir über dieses Treffen und meiner neuen, spannenden Arbeitswelt erzählen kann, muss ich erstmal meine erste Busfahrt in einem camión – einem Stadtbus überstehen.

Erst nach der Terminvereinbarung ist mir aufgefallen, dass die Zentrale der Organisation AMBU im Bosque Los Colomos liegt.

---

[1] Hrsg. Wegweiser Bürgergesellschaft (k. A.): Hinweise zu Freiwilligendiensten, abgerufen unter: https://www.buergergesellschaft.de/mitgestalten/tipps-fuer-engagierte-organisationen/hinweise-zu-freiwilligendiensten/was-ist-ein-freiwilligendienst, abgerufen am: 13.05.2024

Dieser Stadtpark gleicht einem riesigen Stadtwald, der sich im Norden von Guadalajara befindet. Für dieses Treffen muss ich fast einmal quer durch die Stadt fahren. Um dort entspannter anzukommen, empfahl mir Elisa die Moovit-App herunterzuladen. Diese App zeigt sämtliche Optionen, wie ich mit den öffentlichen Verkehrsmitteln zum Bosque Los Colomos komme.

Nun stehe ich also an der Bushaltestelle in La Calma nahe meiner Unterkunft und halte ein Smartphone mit offener Moovit-App in der Hand. Was soll ich dir nach 20 Minuten Wartezeit sagen?

Voller Euphorie schaue ich mir die ganzen Busse an, die an mir vorbeirauschen. Ich sehe dennoch keinen Bus mit der Liniennummer, die mir von der App vorgeschlagen wird. Unruhe macht sich in mir breit, denn ich will doch einen guten ersten Eindruck hinterlassen... Ich erinnere mich, dass Martín zu mir meinte: *Wenn du mit einem Bus fahren willst, dann hebe rechtzeitig die Hand und signalisiere das dem Fahrer!* Aber nun kam kein richtiger Bus...

In all meiner Not und Ungewissheit fällt mir eine Sitznachbarin an der Haltestelle auf. Sie trägt auffällige, farbenfrohe Kleidung, an der ich nur schwer vorbeischauen kann. Ich entschließe mich, sie anzusprechen und merke sofort, dass sie nicht allein reist. Plötzlich stehen vier Personen um mich herum. Sie fragen mich alle durcheinander, wohin ich möchte, was ich vorhabe und ob sie mir helfen können. Das klingt zunächst sehr hilfsbereit, doch bei der Vielzahl an sprechenden Personen komme ich nicht dazu, meine Suche nach der Buslinie zu äußern.

Schlimmer noch. Aus den vielen Gesprächen kann ich verstehen, dass die hilfsbereiten Leute selbst gar nicht von hier sind. Ich frage bei einem señor dieser Gruppe nach und er bestätigt mir tatsächlich, dass sie Guadalajara nur besuchen und sich hier selbst nicht auskennen. Mit einem Schlag wird mir bewusst, dass ich nun weitere 15 Minuten mit den Gesprächen zugange war und immer noch keinen Schritt weiter bin, um den richtigen camión zu finden. Im Gegenteil: Ein Herr ist an der Situation sogar so interessiert, dass er mich fragt, ob ich Franzose sei. Franzose? Franzose! Sein Ernst? Ich habe gerade andere Probleme, als mich über Nationalitäten zu unterhalten. Ich antworte ihm trotzdem höflich: „No, soy de Alemania." Daraufhin erscheint wieder dieses unbezahlbare Lächeln, das ich schon des Öfteren während meiner Zeit hier in México geschenkt bekommen habe.

Als die vier Helfer und Helferinnen in ihren Bus einsteigen, fragen sie ihren Busfahrer für mich nach der richtigen Buslinie. Nur leider verstehe ich aufgrund des Verkehrslärmes um mich herum absolut nichts. Das Hupen hier in Guadalajara ist die Erweiterung des lauten Organes und wird sehr gerne mit regen Gestiken kombiniert. Jedoch scheine ich wohl eine Attraktion an der Haltestelle zu sein, denn alle im Bus bestaunen die wohl nicht alltägliche Situation.

Nachdem die Reisenden fort sind und ich keinen Schritt weiter bin, frage ich meinen anderen Sitznachbarn, der die ganze Show mitbekommen hat. Dieser erzählt mir prompt von irgendwelchen Nummern, die absolut nicht mit der App zueinander passen. In diesem Moment denke ich: *Was für ein Sch***! Was ist daran so schwer, den richtigen Bus zu finden, und was hat es ständig mit diesen Nummern auf sich?*

Egal. Der nette Mann will nun mit mir auf Englisch sprechen, nur erkennt er mein Problem einfach nicht, so denke ich jedenfalls. Ich halte ihm also die App mit der Buslinie hin und er brabbelt wieder was von einer anderen Nummer. Du kannst dir sicher vorstellen, dass ich kurz davor bin, wahnsinnig zu werden. Ich verstehe weiterhin nicht, was nun richtig und was falsch ist. Der señor bietet mir seine Begleitung an, um mir den Weg zu zeigen. Ich bin erstaunt. *Meint er das gerade wirklich ernst? Habe ich das richtig verstanden und kann ich ihm überhaupt vertrauen? Hätte das jemand in Deutschland getan?* An diese Gedanken geklammert, kommt ein kleiner grüner Bus, bei dem die Stoßstange ihre besten Tage schon hinter sich hat und droht beim nächsten Schlagloch abzufallen. Ich deute auf dieses Gefährt, weil ich zum ersten Mal unten links in der Windschutzscheibe meine gesuchte Nummer lesen kann. Noch bevor ich den netten Mann fragen kann, ruft er den Straßenverkehr übertönend: „Yes, your bus my friend!"

Ohne lange zu überlegen, steige ich in den Bus ein und will mit meiner Mi Movilidad-Karte die Fahrt bezahlen. Während ich diese Plastikkarte, mit der man die Nutzung aller öffentlichen Verkehrsmittel in Guadalajara bezahlen kann, an das Registrierungsgerät halte, passiert einfach nichts. Für gewöhnlich wird der Betrag 9,5 Pesos, also rund 0,50 € einfach von dem Guthaben abgezogen. Doch nun passiert einfach nichts. *Oh man, das kann doch einfach nicht sein. Warum passiert mir das denn immer?* Im gleichen Moment legt der Busfahrer einen Start wie bei der Formel 1 hin, dass ich kurz davor bin, das Gleichgewicht zu verlieren, und fast aus der offenen Tür rückwärts aus dem Bus gefallen wäre. In meinem Kopf schwirrt der Gedanke: *Man, wenn er so in Deutschland fahren würde...*

Auf der Suche nach Halt deutet ein sitzender, älterer Herr auf eine Fläche an dem Lesegerät. In diesem Moment verstehe ich, dass ich die Karte nicht korrekt aufgelegt habe. Nach kleiner Korrektur piept das Lesegerät einmal und bedankt sich bei mir mit einem forschem ¡gracias!. Der Busfahrer fordert mich auf, weiter durchzugehen.

Es wundert mich, dass ich kein Ticket oder Beleg für die Bezahlung bekomme. Erst nach weiteren Fahrten habe ich erfahren, dass nicht immer Tickets herausgegeben werden, ich aber immer darauf bestehen solle. Dennoch habe ich nie eine Diskussion wegen eines Tickets angefangen. Im Gegensatz zu deutschen Fahrkartenkontrollen wird selten das Mitfahren ohne Ticket sanktioniert. Viel öfter fährt zusätzliches Personal mit, das den Ticketkauf streng kontrolliert. Bei meinen ganzen Fahrten in verschiedenen camiónes bleibt es nicht allein bei dieser Besonderheit. Du musst verstehen, dass Busfahren hier in Guadalajara nicht einfach nur Busfahren ist. Es kann zu einer richtigen Show werden.

Zwischendurch steigen die Busfahrer und Busfahrerinnen einfach aus und holen sich etwas zu trinken vom Verkaufsstand oder gehen fix zur Bank und lassen den Bus mit laufendem Motor und den darin wartenden Passagieren an der Haltestelle stehen. Je nach Buslinie sehen die Fahrzeuge sehr modern oder doch in die Jahre gekommen aus. Teilweise frage ich mich wirklich, wie einige dieser Gefährte fahren können. Bei dem einen Bus leuchtet das Armaturenbrett wie ein Weihnachtsbaum, bei dem anderen sind der Tachometer und die Tankanzeige ausgefallen. Es kommt dennoch nicht selten vor, dass die Fahrgäste plötzlich in einen anderen Bus umsteigen müssen, weil der Tank tatsächlich leer ist oder der Bus einen Motorschaden hat. Wie dem auch sei, der Bus ist nicht nur ein einfaches Transportmittel. Bevor ich hierzu komme, bin ich dir noch eine Auflösung zu den Nummern an den camiónes schuldig...

Also warum ist die Nummerierung der Busse nun so verwirrend, und das besonders für Touristen wie mich? Nach Gesprächen mit einigen Locals finde ich heraus, dass eine Umbenennung der Buslinien in Guadalajara zu diesem Dilemma geführt hat. Während einige neue Busse durch digitale Anzeigen flexibel an die Neuerungen angepasst werden, fahren viele Ältere noch mit den alten oder beiden Nummern. Meist helfen die verschiedenen Apps und Websites ohne Kenntnis der Originalnummer nur bedingt. Für Neuankömmlinge wie mich heißt es mit viel Glück, eine passende Nummer irgendwo am Bus zu erkennen, aber meistens sind sie viel zu klein und somit erst spät ersichtlich. Dieses spät erkennbare, ist brillant, wenn der Bus gerade mit 60 Sachen vorbeifährt und nur Zeit bleibt für ein „Verdammt! Naja, der nächste Bus kommt in 20 Minuten...!" Ich sage dir, so manche Personen um mich herum haben mich schon fluchen hören. Dennoch ist das Busfahren eine absolute Empfehlung von mir, um die mexikanische Mentalität kennenzulernen.

Der Bus dient einer Fülle an Leuten als Bühne. Unterschiedlichste Musiker und Musikerinnen, Straßenkünstler und Straßenkünstlerinnen, Personen, die über Themen und Innovationen aufklären und Verkäufer und Verkäuferinnen mit unterschiedlichsten Waren bedienen sich dieses Schauplatzes. Die Fahrgäste wissen demnach nie, was die nächste Haltestelle für sie bereithält. Das gilt ebenfalls für die Route des Buses. Es kommt nicht selten vor, dass der Busfahrer oder die Busfahrerin den Fahrplan spontan ändert und einige Haltestellen nicht anfährt. Hier ist zum Teil zügiges Handeln in Form von Aussteigen gefragt. Aber auch das funktioniert nicht immer, da einige Busfahrer und Busfahrerinnen das Signal zum Aussteigen ignorieren oder einfach nicht wahrnehmen. Das stoppende Wort ist hier: *baja* oder *bajan*. Wird dieses Wort von einem Passagier gerufen, machen alle anderen Fahrgäste mit, bis die Türen des Busses aufgehen. Ich muss diese Wortwendung bei all meinen Fahrten nur selten anwenden.

Zurück zu meiner ersten Busreise, bei der ich spontan bei meinem Zwischenhalt für einen Linienwechsel eine Mexikanerin kennenlerne. Sie erkennt, dass ich nicht aus der Gegend komme, und fragt mich: ¿A dónde quieres?

Während ich beim ersten Mal noch sehr verhalten und vorsichtig war, wem ich mitteile, wo ich hin möchte, macht diese Dame einen sehr höflichen und zuvorkommenden Eindruck. Ich erfahre von ihr, dass sie Ärztin ist und immer in Richtung Bosque Los Colomos zu ihrer Praxis fährt. Es ist schon ein wenig amüsant, aber sobald ich nur den Hauch an Interesse zum Land oder den Gesprächspersonen zeige, entstehen bemerkenswerte Gespräche. In diesem Fall kommt es zu einer unvorhergesehenen Sightseeing-Tour, bei der mir meine Begleitung ihre plazas favoritas – ihre Lieblingsplätze zeigt. Dabei kann ich schon erahnen, welche Bedeutung die Stadtparke und damit mein Arbeitsumfeld für Guadalajara haben.

Endlich im Stadtpark angekommen, erlebe ich zum ersten Mal diese grüne Lunge der Stadt. Ich bemerke unheimlich viele Besucher und Besucherinnen, die ihren physischen und psychischen Ausgleich in der Hauptstadt Jaliscos wahrnehmen. Dabei springen ihnen häufig die überall in der Stadt herumflitzenden Grauhörnchen vor die Füße.

Bei meinem regen Beobachten dieser munter springenden Tierchen, tippt mich Lalo an der Schulter an. ¡Hola Patrick! Ahorita vamos a un placito místico. ¿Estás listo? fragt er mich mit aufgeregten Augen.

Ein mystischer Platz? Ich weiß nicht wirklich, was ich mir darunter vorstellen soll. Als ich noch darüber nachdenke, was es mit dem Platz auf sich haben kann, laufen wir zu den modernen Büros von AMBU. Der Direktor erwartet uns bereits vor der Zentrale. Nach dem üblichen mexikanischen Smalltalk deutet er auf einen aus sieben Bäumen bestehenden Kreis. Für mich sieht das aus, als ob jemand sieben Pflanzen übrig hatte und die irgendwo unterbringen wollte. Doch ich täusche mich. Der Direktor erklärt Lalo und mir voller Überzeugung, dass dieser Ort spirituelle Hintergründe hat. Unzählige Forscher und Forscherinnen sind aus verschiedenen Regionen Mexikos angereist, um die paranormalen Aktivitäten zu ergründen. Ja, du hast richtig verstanden. An diesem Ort wurden mehrmals übernatürliche Phänomene beobachtet, die sich niemand erklären konnte. Es gibt Anekdoten über aufleuchtende Lichter und plötzliche Schattenerscheinungen. Ob diese Aktivitäten wahr sind? Wer weiß. Ich habe jedenfalls nicht mehr als sieben Bäume in einem Kreis wahrgenommen.

Neben diesen Geschichten erklärt mir der Direktor bei einem Spaziergang durch den Park seine Freude über die Möglichkeit, dass Freiwillige vom anderen Ende der Welt herkommen, um mit seiner Organisation zusammenzuarbeiten. Seine Worte inspirieren mich sehr und motivieren mich, dieses Vertrauen und die Begeisterung zurückzugeben.

Nun bin ich bereits acht Tage in einer Metropole, von der ich vor eineinhalb Jahren nicht einmal wusste, dass sie existiert. Mit diesem Glücksgefühl, es bis hierhin geschafft zu haben, fühle ich mich nun bereit, einen Schritt weiterzugehen. Ich will unbedingt mein neues Arbeitsumfeld im Parque Metropolitano kennenlernen. Im Vorfeld des Freiwilligendienstes habe ich viel über die Schwerpunkte des städtischen Parksystems erfahren, doch ich bin so gespannt, welche Herausforderungen die mexikanische

Arbeitsweise für mich bereithält und wie der Umgang unter den Kollegen und Kolleginnen ist.

9. Es kommt anders, als ich dachte

Nach einer recht unspektakulären, fast langweiligen Fahrt mit dem camión sitze ich nun in den Büros des Parque Metropolitano. In Gedanken versunken, lasse ich den Weg zum Park Revue passieren. Jetzt im Nachhinein fällt mir auf, dass dieser Park im Gegensatz zum Bosque Los Colomos von total vielen Sportenthusiasten und Sportenthusiastinnen aufgesucht wird. Einige treffen sich in Gruppen, andere joggen mit ihren Vierbeinern um die Wette.

Meine Kollegin Ruth, die ich heute kennenlernen durfte, reißt mich aus den Gedanken und los geht es mit einer klassischen Einweisung, Vorstellungsrunde und Bekanntmachung mit dem restlichen Arbeitskollegium. Doch das Gefühl, dass es jetzt endlich losgeht, hält nicht so lang an, wie ich es mir erhofft hatte. Im Gegenteil: Der erste „Arbeitstag" entwickelt sich komplett anders. Nicht dass irgendetwas gegen meinen Willen passiert, aber nach der Vorstellungsrunde sitze ich nun bereits zwei Stunden auf einem Stuhl ohne irgendeine Beschäftigung. So hatte ich mir meinen ersten Arbeitstag nicht vorgestellt. Ich komme mir eher wie ein Praktikant vor, der irgendwie beschäftigt werden muss.

Nach mehrmaligem Nachfragen, ob ich jemanden bei seiner Tätigkeit unterstützen kann, holt mich fast erbarmungsvoll ein Arbeitskollege ab. Bei einem Gang durch den Park zeigt er mir die Besonderheiten und zu meiner Überraschung bezieht er mich in sein Aufgabenfeld voll ein. Wir kommen dabei an einer großen

Voliere vorbei. Aus der Ferne sehe ich in diesem riesigen Vogel-
käfig nur etwas darin flattern, kann aber nicht sicher identifizieren, um welche Tiere es sich handelt. Doch mit jedem Schritt nä-
herkommend wird meine Vermutung bestätigt. Vor dem Schmetterlingshaus stehend werden meine Augen groß. Es ist schon sehr
atemberaubend, diese großen Monarchfalter in ihrer vollen Pracht
zu erleben. Fast handgroß tummeln sich die bunten Insekten und
zum ersten Mal kann ich sie in freier Wildbahn beobachten. Bei
einem Gespräch mit Maurice durch das Schmetterlingshaus erfahre ich, dass der Parque Metropolitano eine Schmetterlings-
zucht betreibt.

Nun wird mir klar, dass mein Arbeitsfeld sich nicht nur auf aus-
gewachsene Schmetterlinge bezieht, sondern auch auf ihre Ent-
wicklungsstadien. Im Schmetterlingshaus entdecke ich die farbenfrohen Raupen des Monarchfalters, die an den vielen Seiden-
pflanzen hängen und sich davon ernähren.

Trotz dieser phänomenalen Eindrücke steigt in mir der Frust. Es
scheint dir vielleicht zunächst nicht verständlich, aber ich habe
Sorge, dass das meine einzige Aufgabe in diesem Jahr sein wird…
Raupen im Schmetterlingshaus von einer Seidenpflanze zur anderen umsetzen? Jeden Tag Pflanzen wässern und sie gegen neue,
frische Pflanzen austauschen?

Bereits heute haben wir, ohne uns zu beeilen, die Aufgaben innerhalb von 30 Minuten erledigt. Was also soll ich in den anderen
sechs Stunden machen? Und es kommen noch weitere Studierende und Praktikanten zur „Hilfe"… Zudem bezweifle ich, dass

in der Regenzeit mehr Aufwand für das Wässern der Pflanzen entsteht. Angesichts der noch geltenden Regelungen gegen die weitere Ausbreitung der Coronapandemie finden zurzeit auch keine Schulführungen zu umweltrelevanten Themen statt. Sie sollten wesentlicher Baustein meines Aufgabenfeldes sein...

Meine Frustration nimmt in den kommenden Tagen weiter zu. Wie von mir vorhergesehen, kann ich bereits auch in den kommenden Arbeitstagen nach einer halben Stunde einen Haken hinter den Tag setzen. Damit dauert meine Hinfahrt länger als meine produktive Arbeitszeit. Für ein bis zwei Wochen ist diese Tätigkeit in Ordnung, doch ich bleibe vielleicht meinen ganzen Freiwilligendienst über hier...

Zu meinem Glück kommt alles mal wieder ganz anders. Noch bevor ich tres sagen kann, sitze ich im Auto neben Edgar. Er ist Chef des Parque Agua Azul – des blauen Wasserparks, der ebenfalls zum städtischen Parksystem gehört. Während der Fahrt zur clínica – die Tierklinik des Parks, habe ich eine superlustige und zugleich interessante Unterhaltung mit Edgar. Dabei klärt er mich auf, warum es im Parque Metropolitano nur wenige Aufgaben für mich gibt. Die Organisation AMBU befindet sich mitten in einer Neustrukturierung, so dass es aktuell schwierig sei, Studierende und Freiwillige vernünftig in die Arbeitsabläufe miteinzubeziehen. Von nun an bietet er mir an, mich bei den vielfältigen Aufgaben im Parque Agua Azul einzubinden. Bei dem Gespräch wird mir schon bewusst, dass mein neues Aufgabengebiet nun größere Flattertiere umfasst. Während ich mich bisher eher um

Schmetterlinge gekümmert habe, pflege ich nun verschiedenste Vogelarten wie Amazonenpapageien, Aras, Karakaras, Rabengeier und viele weitere. Im Parque Agua Azul werden verletzte, wilde Tiere behandelt und, wenn es der Gesundheitszustand erlaubt, wieder in die Freiheit ausgewildert. Edgar spricht hierbei immer von einer liberacíon – einer Freilassung.

Schlussendlich habe ich Karina, einer weiteren Chefin, und Edgar zu verdanken, dass mein Freiwilligendienst sich nicht zu einem völligen Frustjahr verwandelt.

10. Was lösen 9 mm in dir aus?

Frust spielt zwar an so einigen Tagen eine bedeutende Rolle in meiner Zeit in México. Doch davon möchte ich dir später erzählen. Nun dreht sich erstmal alles um 9 mm! Bevor sich eine wahnsinnige Geschichte zu einem Kopfkino bei dir verwandelt, möchte ich dich mitnehmen in das Thema Sicherheit in México und wie ich es für mich vorbereitet und erlebt habe.

Häufig hatte ich im Vorfeld mit Folgendem zu tun: „Wie siehst du das mit der Sicherheit in México? Es passieren dort doch viele Morde, oder? Besonders nachts ist es gefährlich!" Ich erinnere mich an unzählige Fragen und noch mehr Ratschläge, was ich in México für meine eigene Sicherheit machen kann und was ich besser bleiben lassen soll. Das Interessante ist jedoch, dass es nur in Ausnahmefällen von Personen kam, die tatsächlich am eigenen Leib Berührungspunkte mit México haben, geschweige denn schon einmal dort gewesen sind. Paradox erscheint dann, dass die Personen, die selber in México waren, eher von ihren tollen Lebenserfahrungen berichteten.

Auf die leichte Schulter ist das Thema Sicherheit dennoch nicht zu nehmen. Dabei meine ich nicht allein die physische Gewalt durch andere Menschen, sondern auch die Gefahr vor Erdbeben, fremden, giftigen Tieren, dem anders funktionierenden Straßenverkehr, Krankheiten und vieles Weitere.

Obwohl Gewalt und Kriminalität eine tiefe Verbindung zu México haben, kann es auch einen kleinen Ort treffen, wo ein Mord, Raubüberfall oder sonstige Gewalt stattfindet. Da brauchen wir uns nichts vormachen. Im Unterschied passieren Raubüberfälle und Morde in México in einer anderen Quantität als in vielen anderen Ländern. Ich möchte dir demonstrieren, welche Präsenz dieses Thema in einer ganz bestimmten Stadt in México hat.

Tijuana, eine Stadt an der Grenze zu den USA, und ihr Ballungsraum zählen zu den gefährlichsten Orten weltweit. Martín berichtet mir, dass die günstige Grenzlage zu den USA ein wesentlicher Faktor ist, weshalb die Kriminalitätsrate besonders angestiegen ist. Tijuana ähnelt einem Auffangbecken für viele Gestrandete, die sich die illegale Einreise in die USA als Ziel gesetzt haben. In vielen Fällen bleibt das Glück der Einreise in die USA aus. Rivalisierende Drogengangs wie das Tijuana-Kartell oder Juárez-Kartell haben dieses Potenzial für sich entdeckt. Durch ständige Rekrutierungen erzeugen die Kartelle die mexikanische Schattenseite. Im Rahmen von Gesprächen mit Einheimischen erfahre ich, dass diese kriminellen Organisationen nicht selten aus anderen Kontinenten stammende Personen anheuern und dann durch die örtlichen Umstände radikalisieren.

Wie sich das in Zahlen ausdrückt, möchte ich dir anhand der Daten des Bürgerrates für Öffentliche Sicherheit und Strafrecht aus dem Jahr 2019 demonstrieren.

Pro 100.000 Einwohnende gab es im Jahr 2019 rund 139 Morde in Tijuana, was bei einer betrachteten Einwohnerzahl von 1.909.424[2] rund 2.641 Morde pro Jahr entspricht. Mit anderen Worten: Es fanden pro Tag acht offiziell registrierte Morde in Tijuana statt. Im Vergleich zu gesamt Deutschland gab es im gleichen Jahr ca. 2.396[3] mehr Mordopfer. Nun bin ich gerade nicht in Tijuana, dennoch agieren hier in Guadalajara ebenso aggressive Gruppierungen, die teilweise aus dem Cártel de Guadalajara stammen.

Ich bin mir bewusst, dass sich manche Situationen einfach nicht vermeiden lassen, egal wo ich bin. Ich habe mir vor der Abreise aus Deutschland viele Gedanken gemacht. *Wie verstaue ich meine Habseligkeiten? Welche Wertsachen nehme ich mit? Was lasse ich doch besser bei meinem Ankerplatz? Was trage ich an meinem Körper? Wie sichere ich meine Zugänge zu den Geldkonten ab?*

Mit diesen Fragen habe ich mir ein Konzept überlegt, mit dem ich mich weniger ausgeliefert vorkomme. Du empfindest das übertrieben? Du denkst, was für ein Schwachsinn? Ich glaube, ich schaffe es, dich vom Gegenteil zu überzeugen und du wirst vielleicht schon bei deinem nächsten Urlaub oder bei deinem

---

[2] Fritzl, Carina (2023): Die gefährlichste Stadt der Welt, abgerufen unter: https://www.news.at/a/gefaehrlichsten-staedte-10889106, abgerufen am: 13.05.2024 – Datengrundlage: Bürgerrat für Öffentliche Sicherheit und Strafrecht (März 2019)

[3] Hrsg. Statista GmbH (2024): Anzahl der polizeilich erfassten Mordopfer in Deutschland von 2000 bis 2023, abgerufen unter: https://de.statista.com/statistik/daten/studie/2229/umfrage/mordopfer-in-deutschland-entwicklung-seit-1987/, abgerufen am 13.05.2024

nächsten Gang auf die Straße eine andere Sicht auf deinen Umgang mit Habseligkeiten haben.

Ein Sprichwort besagt: *Je wichtiger die Dokumente, desto enger sind sie am Körper zu bewahren!* Dementsprechend liegen Dokumente wie das Visum, wenn ich unterwegs bin, eng unter meinen Klamotten in einer Bauchtasche. Diese Tasche ist nahezu unsichtbar am Körper und daher nur sehr schwer für andere Personen zu erahnen. Du merkst, die Ahnungslosigkeit anderer kann eine gute Strategie sein, die mich schon mehrfach gerettet oder mich vor ungünstigen Situationen bewahrt hat.

Doch ich bin sogar noch einen Schritt weitergegangen. Ich habe ein Zweithandy mitgenommen, in dem ich Zugänge zu sämtlichen Online-Portalen wie Online-Banking, Dropbox, E-Mail-Postfächer und sogar Social-Media-Zugänge „verstecke". Mein normales Handy dient also nur als tägliches Austauschmedium und um mich in der Stadt fortzubewegen. Natürlich habe ich noch einen Laptop dabei, der aber stets im Haus meiner Gastfamilie bleibt und ausgewählte Daten nur per Festplatte mitgenommen werden. Es steckt insgesamt viel Zeit und Kreativität dahinter. Es sollte jedoch jedem bewusst sein, dass es nie eine 100%-ige Sicherheit gibt. Doch in der folgenden Situation hat mich meine ganze Vorgehensweise mehr als nur bestätigt!

Ich bin nun knapp 3 Wochen in México. Auf dem Tagesplan steht ein wundervoller Tagesausflug mit meiner Arbeitskollegin Ruth zur Laguna de Cajititlán im Süden von Guadalajara. Wir haben ausgemacht, mit einem Freund von ihr die verschiedenen

Dörfer an der Lagune anzuschauen. Da Ruth und ich an unterschiedlichen Orten in Guadalajara wohnen, hatten wir uns an einem gemeinsamen Treffpunkt um 8 Uhr verabredet. Es schien mir logisch, sich an diesem Kreuzungspunkt zu treffen, da er durch viele Buslinien erreichbar ist.

Ich mache mich also wie gewöhnlich fertig, packe ausreichend Flüssigkeit, Geld, extra Powerbank und weitere notwendige Dinge ein. Es ist 6:30 Uhr, als ich in der Morgendunkelheit auf dem Weg zur Bushaltestelle den sternenklaren Himmel betrachte. An der Bushaltestelle stehend, wundert es mich, dass nicht wie sonst zehn Personen bei der überdachten Station stehen, sondern ich weit und breit komplett allein bin. Als ein Bus an mir vorbeifährt, schaue ich sicherheitshalber nochmal auf mein Handy, um die möglichen Buslinien zu prüfen, da ich mir immer noch nicht so sicher mit den alten und neuen Nummern bin. Während meines bisherigen Aufenthaltes in México habe ich versucht, umsichtig zu agieren. Ich habe mir angewöhnt, meine Umgebung genau im Blick zu behalten. Doch gegen manche Situationen ist man einfach komplett machtlos.

Auf einmal steht genau hinter mir eine andere männliche Person. Alles geschieht wie in einem Film. Er bemerkt, dass ich ihn gesehen habe, und spricht mich sehr bestimmungsvoll auf Spanisch an, das ich bis dahin ja bereits perfekt beherrschte – NICHT. Anscheinend reagiere ich nicht so, wie er sich das vorstellt, und er zeigt mir ohne Wimpernzucken seine Pistole. Dabei belässt er es nicht. Mit einem sehr hastigen Griff zieht er die Schusswaffe aus seinem Hosenbund und fordert mich nochmal auf. Total überfordert in dieser Stresssituation schaue ich auf die Waffe und frage „¿Comó?", um ihm zu verdeutlichen, dass ich keinen Plan habe, welche Wertsachen er will. In dieser Situation wissen wir beide genau, dass ich ein hilfloser Ausländer bin.

Innerlich vermute ich schon, was er will. Doch durch mein Zögern habe ich mir etwas Zeit verschafft. Klar gebe ich ihm mein Handy, auf das er mit der Waffe nun sehr deutlich zeigt, aber ich sage dir: Überfälle sind auch für die Täter nicht ohne Risiko. Denn genau wie er, kann eine Patrouille plötzlich um die Ecke kommen. Ich versuche dem Täter während der Übergabe nicht in die Augen zu schauen, damit er nicht provoziert wird und überreagiert. Nach der Übergabe des Handys entfernt er sich und die Situation ist überstanden, denke ich....

Das Problem ist und das ist wirklich ein Problem und keine Herausforderung, dass der Kriminelle nach der Tat unwissentlich in Richtung meiner Unterkunft flüchtet. Da ich ein „Hinterherlaufen" unbedingt vermeiden will – ein Hoch auf mein Gehirn, das in der Situation wohl hervorragend funktioniert – nutze ich die Gelegenheit und stelle mich beiseite. Ich atme mehrmals tief durch und frage mich: *Ist das gerade wirklich passiert? Wurde ich gerade knapp vor meiner Haustür überfallen?*

Langsam kommt das Gefühl in mir auf, dass er schon weiter weg ist. Ich sammle meine Gedanken, meinen Verstand und gehe vorsichtig in Richtung meiner Unterkunft. Zu meinem Glück kommen gerade zwei jüngere Mädels aus einem Geschäft und gehen ebenfalls in meine Richtung. Unauffällig und die Umgebung im Auge behaltend nutze ich ihre Windschatten. Als ich zu Hause ankomme, schnappe ich mir sofort den Laptop und kontaktiere Freunde, Familie sowie Personen, die mit der Dienststelle in Verbindung stehen. Es entstehen Emotionen in mir, bei denen ich heulen kann, das Ganze als Erfahrung verstehe und am liebsten sagen würde: *Hey, das ist das Reallife! Und wenn du über México sprichst, dann hast du einfach Ahnung, was da abgeht.*

In mir steigt auch ein enormer Hass auf, bei dem ich dieser Person alles Mögliche für sein aktuelles Leben und seinem Karma wünsche. Und das ist definitiv nicht positiv, wie du dir sicherlich vorstellen kannst.

Ich will die Situation keineswegs runterspielen. Es ist mehr als nur gefährlich, auch wenn die Pistole vielleicht ein Fake war. Es ist eine fremde, lebensbedrohliche Situation, der ich ausgesetzt war. Mein Körper hat wahrscheinlich zum ersten Mal einen stark auftretenden Überlebensinstinkt erfahren. Und dazu überfallen solche Leute im seltensten Fall zum ersten Mal. Also habe ich nicht mal daran gedacht, irgendetwas Absurdes zu machen und habe ihm das billige, gebrauchte Handy für 200 € gegeben. Wer unbedingt ein brandneues Smartphone für 1.000 € und mehr mitnimmt, bleibt mir nur zusagen: „Pech gehabt!" Ich denke aber, 200 € für ein gesundes Leben sind ein Tausch, den ich eingehen muss.

In der kommenden Zeit beschäftigt mich dieser Vorfall. Ich bin tatsächlich auch verunsichert und hinterfrage viele Gedanken und

Eindrücke. *Will ich hier in México bleiben? Was, wenn der Verbrecher doch irgendwelche wichtigen Daten entdeckt? Was, wenn diese Person nächstes Mal wieder da ist oder es mir wieder passiert? Oder noch schlimmer, was hätte passieren können, wenn...?*

Wichtig für die Verarbeitung dieses Erlebnisses ist für mich der Kontakt zur Familie und engen Freunden. Das Resultat nach drei Wochen, dutzenden Telefonaten und Besprechungen ist, mich von so etwas nicht unter Druck setzen oder einschüchtern zu lassen. Ich lasse mich nicht von meinen jahrelang geplanten, herangereiften Ideen abbringen. Ich akzeptiere, dass für diese Person das Geld auf der Straße lag, aber ich kann ebenfalls glücklich sein, dass mir kein physischer Schaden zugefügt wurde. Aus meiner Sicht habe ich den Schaden mit meiner Vorbereitung reduziert und mit nicht mal einem blauen Auge überstanden. Es gibt sicherlich individuelle Gründe, warum diese Leute zu solchen Mitteln greifen, und diese Gründe möchte ich nun unbedingt kennenlernen.

Wie du vielleicht gemerkt hast, habe ich nie vom Überfall durch einen Mexikaner erzählt, sondern einer Person, die einen Überfall begeht. Ich weiß nicht, ob es ein Mexikaner, ein Kolumbianer oder vielleicht ein Spanier war. Einige phänotypische und sprachliche Merkmale begrenzen die Auswahl zwar, aber ich hatte es faktisch mit einer fremden Person zu tun und nicht mit einer ganzen Gesellschaft. Für mich macht es die Verarbeitung wesentlich einfacher im Hinblick auf den restlichen Freiwilligendienst.

Was ich damit sagen möchte: Lass dich bei deinen Träumen und Ideen nicht unterkriegen und geh ihnen nach! Es wird immer jemanden geben, der nicht nur Steine, sondern auch Felsen in den Weg wirft, die schwer zu überwinden sind. Wie Goethe einst sagte: *Auch aus Steinen, die einem in den Weg geworfen werden, lässt sich etwas Wunderbares bauen.* In meinem Fall sind es die Weichen für mein zukünftiges Leben mit all den Entwicklungen und Erfahrungen, die ich in diesem Jahr sammeln darf! Was ich bis dahin noch nicht wusste: Dieser bewaffnete Raubüberfall soll einer meiner Magic Points werden, der vielleicht den wesentlichsten Einfluss auf meine Entwicklung und meine Aktivitäten hier in México nehmen wird. Danken tue ich der Person für diese Aktion dennoch nicht...

11. Das ICH hinter der Maske

Die Gespräche mit verschiedenen Personen helfen mir, zu verstehen, dass das Leben wieder schöne Momente für mich bereithalten wird. Nachdem ich einige Wochen gebraucht habe, um wieder Vertrauen zu fassen, sitze ich in einem Auto quer durch México. Ok, um ehrlich zu sein, quer durch México ist übertrieben, aber es ist das erste Mal, dass ich mich außerhalb der Hauptstadt Jaliscos bewege.

Mein Mentor Lalo hat mich zu einem campamento in Tapalpa eingeladen. Ein campamento ist zu vergleichen mit einem Schulcamp, bei dem die Gruppendynamik und das zwischenmenschliche Bewusstsein gestärkt werden. Aktuell weiß ich jedoch nur, dass meine Mitbewohner Elisa und Martín jedes Wochenende in die Gebirgszüge der Region Tapalpa fahren und dort diese Seminare für Jugendliche leiten.

Bevor wir zu den cabañas – den Hütten kommen, muss ich dir vom Zauber der Stadt Tapalpa berichten. Nicht ohne Grund wird Tapalpa wie Tlaquepaque zu den Pueblos Mágicos gezählt. Die Kleinstadt liegt auf ungefähr 2.000 Höhenmetern und wird von noch höheren Gebirgszügen umgeben.

Beim Entlanglaufen durch die Innenstadt merke ich etwas Besonderes, was mir zuvor noch bei keinem anderen Ort passiert ist. Die Atmosphäre hat mich sofort in ihren Bann gezogen. Die meist innenliegenden, versteckten Innenhöfe, die beeindruckenden

Kopfsteinpflasterstraßen, die rustikale Bauweise von Wegen und Gebäuden, die unzähligen kleinen Läden sowie die Morphologie der sehr traditionellen Stadt ergeben einen ganz besonderen Charme. Die Einwohnenden der Stadt komplementieren diesen Ort. Sobald die Leute auf der Straße begrüßt werden, folgt ein herzliches ¡Buenos días! Ganz klar ein Ort, den ich als must-see bewerte!

Als um 18 Uhr die Jugendlichen kommen, habe ich schon ein mulmiges Gefühl im Magen. Kennst du das Gefühl, wenn eine Prüfung kurz bevorsteht und einem das Herz in die Hose rutscht? So ergeht es mir seit Langem mal wieder. Ich denke, es wird vor allem durch meine sprachliche Situation ausgelöst. Normalerweise freue ich mich auf neue Leute, neue Inspirationen und vielleicht auch Ideen für mein Leben. Aber zurzeit fehlt mir ein wichtiger Baustein, und das ist die Sprache. Ich habe das Gefühl, dass ich mich weniger ausdrücken kann als ein 6-jähriges Kind. Ich fühle mich einfach unklug. Doch trotz dieser Umstände wird dieses Wochenende auch zu einem meiner Magic Points.

Während die Jugendlichen über die Tage doch sehr zurückhaltend waren, tritt am vorletzten Abend etwas Bedeutendes ein. An diesem Abend veranstalten wir eine Nachtwanderung, aber nicht wie man sie üblicherweise kennt. Wir teilen die Schulklassen in drei Teilgruppen. Diese Gruppen suchen im gesamten Campgebiet Charaktere, um Punkte für ihr Team zu sammeln. Ich bin Punktgeber für das Team *Rojo*. Wie der Name verrät, muss mich das rote Team unbedingt aufspüren. Um es spannender zu machen, suche ich im Lagerraum nach einer geeigneten Verkleidung. Was finde ich? Perfekt eine Maske, die mich stark an eine Kombination aus Frankenstein und Michael Myers erinnert. Dazu gibt es klischeehaft einen Sombrero und schon weiß niemand auf den ersten Blick, wer hinter der Maske steckt. Es geht für mich nicht nur um dieses Spiel, sondern ich kann spontan in eine andere Rolle schlüpfen.

Mit der Maske bekomme ich ein sonderbares Gefühl. Mein gebrochenes Spanisch kann ich schlecht kaschieren, aber ich merke bei dem Spiel, wie begeistert die Jugendlichen von meinem Kostüm sind. Zum Teil sind sie sogar nicht sicher, wer wirklich hinter der Maske steckt. Als wir am Ende des Spiels die Auswertung machen, kommen auf einmal viele Jugendliche auf mich zu. Sie erfragen Sachen über mein Leben, über mein Herkunftsland und über Dinge, die ich über México weiß. In meinen Augen habe ich mich mit meiner Verkleidung in eine Rolle gewagt, die anscheinend sämtliche Hemmungen beiseiteschob. Die Rolle vom friedvollen Micheal Myers half mir, dass mich nicht allein die Sprache repräsentiert, sondern ich hier als Individuum, als Patrick Fröhlich, wahrgenommen werde. Der Rollenwechsel veränderte meine Perspektive und führte mich zu einer der wichtigsten Erkenntnisse: meine Einzigartigkeit. Wenn ich schon bei Einzigartigkeit bin, dann ist der nun kommende Ausflug ein Paradebeispiel dafür.

12. Ausflug zum toxischen Paradies

Während des gesamten Freiwilligendienstes sammle ich neue Erkenntnisse und entwickle ein Bewusstsein dafür, warum die Umstände hier in México so sind, wie sie nun einmal sind. Genau wie in Deutschland hat sich der Umgang mit Herausforderungen und Umständen nicht aus dem Nichts entwickelt. Bei meinen unzähligen Gesprächen vernehme ich immer wieder, dass Deutschland in vielen Entwicklungen als Vorreiter angesehen wird. Aus meiner Sicht muss dennoch klargestellt werden, dass auch Deutschland durch Entwicklungsstufen erst zu dem geworden ist, was es heute ist. Was ich damit meine, möchte ich euch am Fluss Río Grande de Santiago und seiner eindrucksvollen Schlucht Barranca de Huéntitan beschreiben.

Bei meiner Recherche im Internet über eindrucksvolle Ausflugsziele in Guadalajara bin ich auf eine Brücke gestoßen, die sich innerhalb einer Schlucht am nordöstlichen Stadtrand von Guadalajara befindet. Da diese Gegend zu einer relativ unsicheren Zone zählt, wird dies der erste gemeinsame Ausflug der Familia Mexicana.

Um uns nicht von der intensiven Mittagssonne grillen zu lassen, entschlossen wir uns, in der Dunkelheit zur Barranca aufzubrechen. Jedes Mal, wenn ich in Guadalajara nachts mit dem Auto unterwegs bin, bin ich so unfassbar dankbar, nicht um diese Uhrzeit zu Fuß unterwegs zu sein. Bei all der scheinbaren Ruhe wirken nicht wenige Straßen wie ein Spinnennetz, aus dem ich nicht mehr unversehrt herauskomme. Es ist die Atmosphäre, die meinem Körper, ohne zu zucken signalisiert: Hier ist ein ungünstiger Ort, um lange zu verweilen. Umso erfreuter bin ich, als das nächtliche Schwarz langsam weicht und wir nach einem kurzen Fußmarsch vom Parkplatz auf dem höchsten Plateau, dem sogenannten Mirador, stehen.

Es bildet sich eine malerische Kulisse, bei der meine Augen einen der schönsten Sonnenaufgänge erfassen, den ich jemals gesehen habe. Vor uns liegt der Canyon des Río Grande de Santiago. Dahinter verdecken die Gebirgszüge die Sonne, sodass die Erhebungen von den ersten Sonnenstrahlen des Tages ummantelt werden. Niemand von uns traut sich, etwas zu sagen. Mit vereintem Blick auf die Gipfel betrachten wir das unfassbar schöne Farbspektakel. Der grüne Höhenzug wird eingebettet von einem violetten, orangenen, gelben und roten Farbenmeer, das kombiniert mit den weiß blühenden Sträuchern eine mir unvergessliche Impression Mexikos bietet. Ich kann mich nicht satt sehen an diesem Ausblick, der sich mit jeder neuen Sekunde ändert.

Nachdem die Sonne begonnen hat, die Spitzen des Gebirges zu überragen, beginnen wir, den einige hundert Meter tiefen Steilhang abzusteigen. Trotz meines angemessenen Schuhwerkes habe ich unzählige Male Not, meinen Halt nicht zu verlieren. Der Untergrund, auf dem wir gerade laufen, ist eine Art Kopfsteinpflasterbelag, der jeden Tag durch Besteigungen zu glänzenden Steinen bearbeitet wurde. Ca. 1,5 bis 2 Stunden bin ich voll beschäftigt, einen Weg nach unten zu finden. Einfach nur verrückt, denn es gibt hier zahlreiche Leute, auch Personen mit schätzungsweise einem Alter von 60+, die diese Strecke runter und wieder hochrennen. Was ich zu diesem Zeitpunkt noch nicht wusste, dass es der harmloseste aller Wege ist.

Schweißgebadet und mit den immer stärker werdenden Sonnenstrahlen haben wir die Uferkanten des Río Grande de Santiago erreicht. Auf einmal taucht neben mir ein Wasserfall auf und es fängt bestialisch zu stinken an. Ich schaue in die Gesichter der anderen und sehe ihnen genau die gleiche Empfindung an. Alex und Martín geben Elisa und mir zu verstehen, dass es sich hierbei um die städtischen Abwässer handelt. Noch viel schlimmer schildert der Bundesstaat Jalisco den Zustand dieses aus dem größten Binnengewässer Mexikos entspringenden Flusses. Der Bundesstaat spricht in seiner Strategie zur ganzheitlichen Wiederbelebung des Flusses von industriellen Abwässern, Sickerwasser aus Mülldeponien, kommunalen und agrochemischen Abwässern sowie Abwässern aus Krankenhäusern, die zu der Kontamination einer der wichtigsten Flüsse des Landes führen.[4]

Als mir dieser Gedanke bewusst wird, denke ich an mein Studium zurück. Mir kommen biologische Kreisläufe, Akkumulationsprozesse und Nahrungsnetze in den Kopf. *Ach, verdammtes*

---

[4] Hrsg. Gobierno del Jalisco (2024): Revive el río Santiago, con la estrategia integral para su recuperación, abgerufen unter: https://www.jalisco.gob.mx/es/gobierno/comunicados/revive-el-rio-santiago-con-la-estrategia-integral-para-su-recuperacion#:~:text=Las%20causas%20directas%20de%20contaminaci%C3%B3n,granjas%20porcinas%2C%20cultivos%20con%20agroqu%C3%ADmicos, abgerufen am: 10.01.2024

Studium, aber wohin zur Hölle fließt das kontaminierte Wasser? Gibt es hier Kläranlagen, die das Wasser reinigen?

Alex klärt mich darüber auf, dass es quasi keine Reinigung des Wassers gibt. Somit bleiben auch die links neben mir auftauchenden Schaummassen, die einen dicken Teppich über das abfließende Wasser bilden, sich selbst überlassen. Hinzu kommt der immer penetranter werdende Gestank. Nun bekomme ich ein erstes direktes Gefühl, welche Folgen das unkontrollierte städtische Wachstum mit sich bringt. Mir ist sofort klar, dass der Río Grande de Santiago wohl kein Einzelfall ist und anscheinend als unermüdlicher Mülltransporter der menschlichen Abfallprodukte dient. Es wird noch schlimmer, denn sämtliche Tiere und Pflanzen sowie nicht ausschließbar das Grundwasser nehmen diese toxischen Stoffe auf und verbreiten sie genauso wie der Fluss selbst.

Ich bekomme Gänsehaut, denn wir haben mittlerweile unser Ziel, die Brücke Puente de Arcediano, erreicht. Ich sehe viele Leute, die meiner Vermutung nach für ihre Social-Media-Profile beeindruckende Fotos schießen und sich mit dem Anblick der unerschütterlichen Gebirge rühmen. Dabei bin ich sehr gespaltener Meinung und während unter meinen Füßen riesige Schaumschollen ihren Weg zum Pazifik suchen, mache ich selbst Erinnerungsfotos, aber vor allem, um später meine Emotionen wieder hervorrufen und teilen zu können.

Auf der Brücke stehend erzählen mir Martín und Alex viele schauernde Geschichten. Demnach kommt es gelegentlich immer wieder durch die kontaminierten Gewässer zu Todesfällen.

Touristen und Unwissende, die in diesem Gewässer baden, erleiden durch die toxischen Reaktionen multifunktionale Störungen der Organe, die ohne sofortige Behandlung zum Tod führen. Wir reden hier also nicht von einer bloßen Verschlammung, sondern von einem hochgradig verseuchten Gewässer. Dieser Gedanke beschäftigt mich noch Wochen und Monate danach, denn auch ich wasche meine Wäsche, gehe duschen und produziere Fäkalien und sonstige Abwässer, die mit hoher Wahrscheinlichkeit ebenso in diesen Kreislauf wandern.

Mit den surrealen Bildern vom schönsten Sonnenaufgang bis zum hochgradig kontaminierten Gewässer im Kopf, heißt es vor der enormen Mittagshitze wieder hochklettern. Anders als beim Hinweg entscheiden wir uns für einen kürzeren, aber steileren Weg mit Steinstufen. Bei diesem Aufstieg gibt es zwei Dinge zu beachten. Schaue bloß nicht nach hinten und versuche nicht zu stolpern. Das ist auch schon alles.

In der Realität stehe ich vor riesigen Gesteinsbrocken, die eine Art Treppe erahnen lassen. Zu einer Seite liegt der mehrere 100 m tiefe Abgrund mit ein wenig vertrocknetem Gestrüpp und zur anderen eine steile Felswand. Ein falscher Schritt von mir und es würde ein ziemlich zeitiges Ende des Abenteuers bedeuten. Auch die zwischendurch in der Felswand verankerten Stahltreppen regen mein Sicherheitsgefühl nicht gerade an. Das Geländer wackelt meist doller als ein Wackeldackel. Aus diesem Grund entscheide ich mich recht zügig für das freie Laufen. Ich glaube, das zeigt mein nicht vorhandenes Vertrauen in diese Konstruktionen.

Schon im Flugzeug nach Guadalajara hatte ich meine Ansichten und Gedanken, doch hier ist mir eindeutig bewusst, dass der letzte Prüfstand schon ein wenig zu lange her ist. Leider ging es nicht mehr anders, denn die bereits gelaufene Strecke abwärts ist keineswegs eine gesunde Alternative. Ich beiße die Zähne zusammen, treu dem Motto: Bisher ist nichts passiert, also warum genau bei mir?

Letzten Endes ist mal wieder alles gut gegangen und außer ein paar Kratzer und blauen Flecken kann ich behaupten, dass ich stolz auf mich bin, es geschafft zu haben. Kurz vor dem Ende des Aufstiegs treffen wir einen Musiker, der für uns singt und besonders Elisa und mir für die Überwindung gratuliert.

Eines weiß ich schon zu diesem Zeitpunkt. Ich will unbedingt den 3. Weg, den gefährlichsten, den anstrengendsten und den herausforderndsten Aufstieg überwinden. Doch werde ich das wirklich in die Tat umsetzen? Auf jeden Fall nehme ich diese Idee in meine To-do-Liste für México auf.

13. Zwischen Tequila und Agaven

Nun ist schon mehr als ein Monat meines Aufenthaltes in México um. Mit Jonathan, einem sehr guten Freund, der mich besonders nach dem Überfall sehr unterstützte, bin ich gerade unterwegs, um einen sehr besonderen Ort aufzusuchen. Wie Tlaquepaque ist dieser ein Pueblo Mágico. Auf dem Weg dorthin fallen mir die schier endlos reichenden Felder auf, auf denen bläulich aussehende Pflanzen wachsen. Ich frage Jonathan: *„¿Cuáles plantas son?"* Jonathan fängt an zu lachen und meint: *¡Vas a ver!* Ich bin jetzt schon gespannt, was ich sehen werde.

Als ich weiter darüber nachdenke, tritt ein riesiger Berg vor uns empor, der zuvor in einer dichten Dunsthülle verborgen lag. In diesem Moment sagt Jonathan aufgeregt: „Wow, el Volcán de Tequila, ¡Estamos cerca de Tequila!"

Mit den Worten volcán und Tequila verstehe ich, dass wir uns unweit der traditionsreichen Stadt Tequila befinden. Die Stadt Tequila hat ihren Namen nicht irgendwo her, sondern er steht in enger Beziehung zu der populären Spirituose selbst.

Von den ganzen Eindrücken überwältigt, stehe ich inmitten einer der Zelebration des El día internacional de las personas con discapacidad – der internationale Tag für Personen mit einer körperlichen oder geistigen Einschränkung. Tänzer und Tänzerinnen bewegen sich in wunderschönen Gewändern und werden mit eindrucksvoller Musik begleitet. Dazu gesellt sich in der Ferne ein

Auftritt der Voladores, die ich zum ersten Mal bei ihrem Fruchtbarkeitstanz in der Realität sehe. Jonathan erklärt mir, dass die Voladores – der Tanz der fliegenden Männer – ein weitverbreitetes Ritual in México ist, das bereits vor 1.400 Jahren meist zu Festtagen vorgeführt wurde. Heute ist es eines der immateriellen Kulturerben der Menschheit. Dabei erklimmen fünf Männer einen hohen Pfahl, von dessen Spitze vier Männer an einer Plattform über Seile kopfüber rotierend zum Boden gelassen werden. Von Anfang an werden die fliegenden Akrobaten vom fünften Mann trommelnd und flötend musikalisch begleitet.

Jonathan und ich warten bis zum Ende der Veranstaltung und gehen anschließend zu meinem Highlight Tequilas. Vor einem riesigen Eingangsbereich wartend lese ich die Worte *Destillerie José Cuervo*. Wir befinden uns wohl vor der weltweit bekanntesten Produktionsstätte des Tequilas. Vor dem Eingang dieser Destillerie steht ein riesiger Rabe und nicht das mexikanische Staatswappen. Ich frage erneut Jonathan, den meine Gedankengänge wohl amüsieren. Er gibt mir zu verstehen, dass es sich bei der Familie Cuervo um eine spanische Familie handelt, deren Familienwappen der Rabe – el cuervo ist. Jetzt macht es natürlich Sinn, warum diese Rabenfigur und kein Adler dort steht. Jonathan merkt mein Interesse an dem wichtigen Wirtschaftszweig und lädt mich prompt zu einer Führung ein. Mein Fazit: Es lohnt sich total! Ich verstehe nun, warum es rund um Guadalajara so viele Agavenfelder gibt. Allein für einen Liter Tequila werden ungefähr 7 kg reife Agaven benötigt, die wiederum 7 bis 10 Jahre für den entsprechenden Reifegrad benötigen. Nach dem Gärungsprozess landet der Tequila je nach Qualitätsanspruch mindestens ein Jahr in Eichenfässern zur weiteren Reifung. In riesigen Hallen lagern Unmengen von diesen Fässern. In den Gängen zwischen den Hallen zeigen Wandmalereien eindrucksvoll die Geschichte des Ortes und der Spirituose.

Zum Schluss der Führung findet eine Verköstigung von verschiedenen Sorten des Tequilas mit einem Stück gekochter Agave statt. Die Kombination ist unglaublich und es ist schwer zu begreifen, wie aus der süßschmeckenden Agave dieser brennende Tequila entsteht. Ein absolutes Muss, wenn du dich gerade in der Nähe dieser Stadt befindest.

Die Stadt Tequila bietet jenseits der Tequila-Herstellung einige weitere Attraktionen. Wie in den touristischen Zonen Guadalajaras laufen verkleidete Personen umher und machen für kleines Geld ein gemeinsames Foto. Ich schaue mir gerne die ansehnlichen Kostüme an, lasse die Atmosphäre auf mich wirken und dann steht er plötzlich genau neben mir: Rot, genauso wie ich ihn aus Filmen kenne. Auf dem Rücken trägt er seine zwei markanten Schwerter. Die Rede ist von Deadpool, der mich während meines Gedankenrausches fragt: „¿Quieres tomar fotos?" Ich bin von seinem Kostüm mega angetan. Ohne mit den Wimpern zu zucken, willige ich ein und Jonathan als Fotograf macht so einige lustige Poser-Fotos von uns.

Die Stadt Tequila besitzt einen einzigartigen Charme und ist doch wieder ganz anders als beispielsweise Tapalpa. Einige

Restaurants sind so besonders gestaltet, dass mit den zwischen ihnen umherfahrenden Touri-Bussen die mexikanische Atmosphäre komplett aufblüht.

Doch bei dieser überwältigenden Kulisse verfalle ich erneut in mein so hemmendes Denkmuster. Keine Frage, ich bin so stolz auf mich, dass ich nun hier bin und hier sein darf. Doch in mir verbreitet sich erneut die Sorge, dass ich mir selbst nicht gerecht werde. Dass mir manche Prozesse und Ziele nicht so gelingen werden, wie ich mir das vorgestellt habe. Aus diesem Grund stelle ich mich dem aufregendsten Spiel der Welt.

14. Das aufregendste Spiel - Das Leben!

So aufregend, wie die vielen Einblicke in meinem mexikanischen Leben sind, zeigen sie oft nur eine Seite der Medaille. Wer durchweg behauptet, ein langer Aufenthalt am anderen Ende der Welt ist die ganze Zeit Friede, Freude, Eierkuchen, ist auf dem Holzweg. Mit hoher Wahrscheinlichkeit gibt es sogar deutlich mehr Herausforderungen, die insbesondere mental belastend sind. Nun stehe ich hier in Guadalajara, knapp 10.000 km Luftlinie von meinem Geburtsort entfernt. Bei dem Gedanken sehne ich mich nach meinem Leben in Deutschland. Ich sehne mich häufig nach diesem Gefühl, so zu agieren, wie ich es in meinem gewohnten Umfeld gemacht habe.

Einige Gewohnheiten, die ich aus Deutschland in meinem Köfferchen mitgebracht habe, funktionieren hier nicht in dieser Art und Weise. Es fängt an mit der Bewegung im öffentlichen Raum. Speziell nach dem Überfall schaue ich mir Personen in meiner Umgebung noch intensiver an, um sie einschätzen zu können. Abends weggehen ist nur bedingt möglich, da gerade in Nebenstraßen und in einigen Vierteln von einem Aufenthalt abzuraten ist. Schon am Tage sind Barrios wie Colonia Jalisco keine Spielwiese, und das habe ich sehr schnell beim Betreten dieser Zonen am eigenen Leib gespürt.

Doch meine Hobbys wie Mountainbiken oder Kickboxen sind insbesondere wegen meiner fehlenden Utensilien oder mangels finanzieller Mittel kaum realisierbar. Ein nicht zu unterschätzender Stimmungskiller ist für mich weiterhin die Auseinandersetzung mit der Sprache. Es entwickeln sich während der ersten Monate solche Frustrationen, dass ich über alles nachdenke. Ich rede hier von einem Abbruch meines Freiwilligendienstes oder einem Stellenwechsel. Bei der Frustration stand nie mein Selbstwertgefühl oder das Selbstbewusstsein im Vordergrund, denn von Anfang an bin ich mit meinen geringen Sprachkenntnissen auf wildfremde Menschen zugegangen. Mir ist es mittlerweile schlichtweg egal, Hauptsache, sie können mich einigermaßen verstehen und mir weiterhelfen. Was mich dennoch immer noch innerlich beschäftigt, ist das Gefühl der Ausgrenzung. Nach meinem Empfinden findet diese Ausgrenzung nicht unbedingt mit Absicht des Gegenübers statt. Die Freiwilligen, die sprachlich besser aufgestellt sind, werden dennoch insgesamt deutlich besser integriert, egal wie sich die andere Person mit geringen Sprachkenntnissen bemüht. Sobald sich eine Gruppenkonstellation beispielsweise mit drei Personen bildet, findet das Gespräch nicht zwischen den drei Personen statt, sondern die sprachlich schwächere Person, die nicht jeden Zusammenhang versteht, wird schnell an den Rand der Unterhaltung gedrückt. Ich habe am Anfang solcher Situationen noch nachgefragt und meine Gedanken preisgegeben, aber irgendwann kam in mir dieses plumpe Gefühl auf, dass ich mich einfach „dumm" fühle.

Ich hätte nie gedacht, dass allein die Sprache solche Auswirkungen auf das Gemüt haben kann. Ich halte mich selbst für einen fröhlichen Menschen mit einem Drang nach gewählter Kommunikation. Deswegen fällt es mir umso schwerer, wenn man Tag für Tag versucht, sich irgendwie auszudrücken, und oft gegen eine Wand rennt, die sich Sprachbarriere nennt. Besonders interessant ist es, wenn die gegenüberstehende Person solch eine Situation nie durchmachen musste oder sich nicht auf die Umstände einlässt. Innerlich denke ich so oft, *antworte dem Gegenüber einfach einmal auf Deutsch und frage auf Spanisch, ob sie es verstanden hat.* Ist der Gedanke frech? Wie soll ich mich sonst verständlich machen, wenn Anmerkungen wie ¿Puedes hablar mas lento? nicht mehr helfen?

Um diesem ganzen Dilemma entgegenzuwirken, habe ich weder auf eine andere Sprache gesetzt, noch bin ich nur unter deutschen Personen geblieben, auch wenn es deutlich angenehmer gewesen wäre. Aber so hätte sich die Herausforderung zu einem Problem entwickelt, in dem viele Migranten weltweit stecken. Sie bleiben unter sich. Sie begeben sich sprachlich in ein bekanntes Umfeld, dem Wohlfühlkäfig, und bleiben in ihrer Entwicklung stehen.

Da mir dies bewusst ist, habe ich mir Strategien überlegt, um nicht völlig die Fassung zu verlieren. Ich fokussiere mich meist in meiner Freizeit auf einzelne mexikanische Freunde und Freundinnen, mit denen ich mich allein unterhalte. So kann ich die Situation besser steuern und mich sprachlich an ein höheres Niveau anpassen, ohne in mir das blockierende Dummheitsgefühl aufkommen zu lassen.

Ich hätte nichts Besseres machen können, denn nach und nach verbesserte sich mein Hörverständnis, und häufig verwendete Satzteile veranlassen mich, flüssiger zu reden. Sollte dir Ähnliches bevorstehen, dann rede einfach! Rede, rede, rede und such dir ein Umfeld, das dir Unterstützung bietet. Es wird dich automatisch weiterentwickeln und Halt bieten!

Ich für meinen Teil bin so stolz, meinen Wohlfühlkäfig verlassen zu haben, und kommuniziere jeden Tag mit Mexikanern und Mexikanerinnen ausschließlich auf Spanisch! Was mir jedoch immer noch aus meinen perfektionistischen Lebenseinstellungen schwerfällt, ist zu begreifen, dass ich Fehler machen kann. Wie hat Bianca einst zu mir gesagt: „Du bist erst ein paar Wochen da, das wäre doch keine Herausforderung, wenn du alles zu 100 % schon verstehen könntest."

Recht hat sie! Ich darf Mist erzählen. Ich darf 10x und noch öfter nachfragen, bis ich etwas verstanden habe. Wenn dann von den Arbeitskollegen und Arbeitskolleginnen mehrfach der Satz ausgesprochen wird: „Du verstehst aber schon mehr, als du vor ein paar Wochen hier angefangen hast", dann ist das wirklich Balsam für die Seele!

Es heißt locker werden, das Jahr als Erfahrung gewinnbringendes Jahr anzunehmen. Erst durch neue Bekanntschaften, Freunde und das Kennenlernen eines Landes mache ich meine eigene Entwicklung Schritt für Schritt.

Trotz der mentalen Stresssituationen habe ich mit dem Lebensschritt Auslandserfahrungen nie einen Fehler gemacht, den es zu korrigieren gilt. Im Gegenteil: Diese Herausforderungen und Leidenssituationen lassen mich reifen. Ich liebe meine direkte Art. Doch gerade diese Charaktereigenschaft führt mit mexikanischen Gesprächspartnern, die sehr gerne indirekt durch die Blume reden, zu Missverständnissen und Missdeutungen. Daher merke ich schnell, dass die Umstände nicht von jetzt auf gleich viel besser werden, aber mit dem Einlassen auf sie, formen sich mein Verständnis und meine Werte. Das kann mir nicht mehr genommen werden!

Und mit diesen Erkenntnissen mache ich mich mit Jonathan auf den Weg, eine archäologische Stätte zu besuchen, die mit Blick auf die Azteken und Mayas meist vollkommen untergeht.

15. Guachimontones – Nicht nur Mayas und Azteken

Jonathan und ich sind zu Besuch bei einem nahezu unbekannten Ort in der Nähe von Guadalajara, der Überraschungen bereithält. Mit dem Rücken dem Volcán de Tequila zugewandt, stehe ich gerade mit einer Gruppe von Besuchern vor einer kreisrunden Pyramide mit Blick auf das Dorf Teuchitlán.

Es ist mein erster Besuch einer Tempelanlage in México. Guachimontones ist dabei so einzigartig, weil dieser spirituelle Ort sich deutlich von den Tempelanlagen der Mayas und Azteken abhebt und erst deutlich später entdeckt wurde. Durch einen Guide erfahre ich, dass diese große stufenförmige Pyramide Mittelpunkt der gesamten Anlage ist. Um sie herum sind acht kreisförmige Plattformen angeordnet. Es handelt sich also offenbar um einen Opferaltar, denn auf dieser Anhöhe wurden vor langer Zeit Menschen und Tiere zur Beruhigung der erzürnten Götter geopfert. Ich stelle mir vor, wie nachts unzählige Fackeln auf dieser Anhöhe leuchten, zeremoniöses Trommeln die Opfergabe begleitet und die Umgebung durch den Schall und dem Licht eingenommen wird.

Ein Schauer durchläuft meinen Körper, als der Guide mir die Fundstellen von körperlichen Überresten in Form von Totenschädeln zeigt. Diese wurden bei Forschungsarbeiten entdeckt. Anhand von Lebensmittelresten, Waffen und Porzellanscherben gilt diese archäologische Ruinenstätte zugleich als ehemalige internationale Warenaustauschstätte. Bereits vor Jahrtausenden von Jahren trafen sich vor diesem beeindruckenden Vulkan und der überblickenden Aussicht Händler aus dem ganzen Land und wahrscheinlich aus noch ferneren Gegenden. Die bei den Untersuchungen gefundenen unterschiedlichen Gesteinsfarben von Speerspitzen geben Aufklärung, dass auch zwischen den angrenzenden Regionen ein Produktaustausch stattfand. Die Region Teuchitlán steht angesichts der Erdschichten in Verbindung mit der Farbe Rot. Verantwortlich ist der naheliegende Volcán de Tequila.

Während der Guide ein wahres Feuerwerk an Informationen abschießt und uns sein Eifer zu diesem Thema verdeutlicht, stellt sich für mich weiterhin die Frage, warum die Pyramiden vor mir nicht rechtwinklig wie Chichén Itzá oder die Ruinen bei Cobá ausgelegt sind. Auf meine Nachfrage hin erläutert mir der Guide, dass die Beantwortung nicht so einfach sei. Es gibt mehrere Theorien, an denen sich die Struktur der Pyramide orientiert. Eine der wahrscheinlichsten begründet sich durch den angrenzenden Vulkan. Mit der Pyramide wurde die kreisrunde Form des Volcán de Tequila als elementares Bild wiedergegeben. Bei anderen Theorien sollen Elote – der Mais bzw. der Maiskolben oder wie bei vielen Tempeln oder spirituellen Anlagen astronomische Konstellationen essenzielle Rollen für die Errichtung gespielt haben.

Da mich die Unterschiede zu den weltbekannten Tempelanlagen weiter beschäftigen, besuchen Jonathan und ich das beeindruckende Museum dieses archäologischen Gebietes. Dabei begebe ich mich in eine viel fantasievollere Aura, denn das Museum gleicht einer Zeitreise. Durch diesen Aufbau werden meine Eindrücke, mit Fackeln und dem Widerhall der indigenen Musikinstrumente um einiges intensiviert. Beim Gang durch die Museumshallen fasziniert mich eine in den Boden eingelassene Glasscheibe. Während des Daraufstellens bemerke ich, dass ich nur einige Zentimeter von einem Grab entfernt bin, das sich nun genau unter mir befindet. Darin liegt ein nahezu vollständiges Skelett mit Grabschmuck und Porzellangeschirr. Solche Gräber sind in weiten Teilen dieser archäologischen Anlage nicht unüblich, denn dieser Ort wurde von vielen Forschenden detailreich untersucht, sodass viele der über 2000 Jahre alten sogenannten Schachtgräber entdeckt wurden.

Ich versuche, mich auf diesen Teil der Geschichte Jaliscos einzulassen, und erkenne zugleich an einer ausgestellten Karte, wie umfangreich und verbreitet Tempelanlagen in México sind. Guachimontones als Juwel Westmexikos nimmt aufgrund seiner Einzigartigkeit und seiner Unbekanntheit einen besonderen Platz in meinen Erinnerungen zu México ein.

Mit dem Blick auf die Karte fällt mir die bedeutende Halbinsel Yucatán auf. Von diesen archäologischen Impressionen gefesselt, nehme ich mit vor, Yucatán auf meine Art und Weise zu entdecken. Ich hoffe, dass ich dieses Vorhaben in die Realität umsetzen kann!

16. Jetzt heißt es, im Wasser schwitzen!

In meiner Dienststelle lerne ich durch den Studierendenwechsel in regelmäßigen Abschnitten neue Leute kennen. So begegnete ich vor einiger Zeit auch Hugo, einen Biologiestudent an der Universidad de Guadalajara. Da die Chemie und der Humor zwischen Hugo und mir passen, will ich unbedingt noch vor dem Jahreswechsel etwas mit ihm unternehmen.

Und schon stehe ich im Zentrum vor der riesigen Kathedrale Guadalajaras und habe meine Badehose und ein Handtuch im Gepäck. Unser Ziel ist der Bosque de la Primavera – der , und die Thermalquellen des Flusses Río Caliente. In brütender Hitze fahren wir mit einem Uber-Taxi ans Stadtrandgebiet. Die Welt sieht dort ganz anders aus. Viele Leute kommen uns auf Pferden entgegen, überall schallt Musik und während der Mittagshitze treffen die Leute sich vor den tiendas – den Kiosks. Nachdem wir den gefühlt 10 kilometerlangen Fußmarsch unter unerbittlich scheinender Sonne hinter uns haben, passieren wir die Eingänge der Thermalquellen.

Auf einem verwitterten Holzschild lese ich die Willkommensworte „Bienvenidos Río Caliente“ und genieße das näherkommende Rauschen des Wassers. Wir suchen einen geeigneten Weg durch den Wald, um näher an die thermischen Quellen heranzukommen. Aus dem Nichts stehen wir plötzlich auf einer kleinen Anhöhe und es zeigt sich ein Panorama, das ich unter keinen

Umständen erwartet hätte: Leute grillen am Rand des Flusses. Andere haben sogar Zelte aufgestellt und wollen wohl länger Zeit an diesem Paradies verbringen. Egal ob klein oder groß, alle, die hier sind, genießen die Zeit in den unterschiedlich hohen Plateaus, in denen das aufgeheizte Wasser angestaut wird.

Hugo und ich ziehen unsere Schuhe und Socken aus. Dann betrete ich zum ersten Mal in meinem Leben einen Fluss, dessen Temperatur höher erscheint als die Lufttemperatur. Wir laufen flussabwärts, um uns von den Menschenmassen zu lösen. Doch so schnell wir vorhin durch den Wald gelaufen sind, umso langsamer bewegen wir uns nun fort. Überall im Flussbett erwarten uns kleine, scharfkantige Steinchen, die uns nach und nach die Füße aufschlitzen. An einer Flussverengung schmeißen wir unsere Rucksäcke hin, ziehen unsere Badeklamotten an und stürzen uns in die Fluten.

Schon etwas leichtsinnig, sich einfach in solch ein fremdes Gewässer zu begeben, oder? Ich sage dir auch warum. Es ist tierisch warm, schon fast heiß in der von uns ausgesuchten Stromschnelle, an der wir gerade unsere Rücken vom herabrauschenden Wasser massieren lassen. Immer wieder suchen wir neue interessante Stellen auf, überqueren mehrere kleine Wasserfälle und versuchen, auf dem oft klitschigen Untergrund nicht auszurutschen. Feingefühl ist hier gefragt. Während wir ganz normal umherlaufen, ruft Hugo: „¡Cuídate, aqui hay fuentes termales!" Ich antworte Hugo auf Spanisch: „Klar gibt es diese heißen Quellen hier. Deswegen ist das Wasser doch auch so warm." Was ich dabei nicht beachte, sind die Rinnsale an den Flussrändern. Meist sind diese durch überdeckende Gesteinsstrukturen quasi unsichtbar.

Augenblicklich merke ich an meinem Fuße einen beißenden Schmerz. Ich bin unbewusst und durch meine faktische Unwissenheit in den Einlauf einer solchen Thermalquelle getreten und merke erst jetzt, wie heiß das Wasser aus dem Untergrund an die Oberfläche steigt. Mir wird wieder gelehrt, dass ich hier als klassischer Tourist unterwegs bin und froh bin, dass nicht mehr passiert ist. Mit dieser Live-Erfahrung schwirren beim Rückweg mir unterschiedliche Gedanken durch diesen Vorfall in meinem Kopf. *Was hätte ich gemacht, wenn ich aus Versehen in solch ein Rinnsal getreten wäre? Verbrühe ich mich so stark, dass ich nicht mehr gehen kann?* Wir haben schließlich noch einen 10 km Fußmarsch vor uns.

Erst jetzt fallen mir überall diese Einläufe auf und wie unscheinbar gefährlich dieses Unterfangen doch ist. Ein falscher Schritt, einmal kurz stolpern und der Fuß ist schmerzhaft verbrüht. Eine eigenartige Situation, in der ich auch wieder registriere, wie anfällig meine körperliche Hülle doch ist. Es ist ein Magic Point, an dem ich realisiere, wie ich überhaupt meine Umgebung wahrnehme. Ich meine, der Mensch ist für sein Schritttempo ausgelegt und das fällt schon so manches Mal schwer. Aber wie viele Dinge und Situationen gehen an mir vorbei, ohne dass ich sie überhaupt mitbekomme? Um nicht zu sehr in diese Gedankenwelt abzurutschen, frage ich Hugo, was wir nach unserem Ausflug machen. Dabei kommt Hugo eine besondere Idee.

Er kennt ein sehr verstecktes Restaurant mitten über dem Stadtzentrum Guadalajaras mit Blick auf die Kathedrale und dem Stadttheater. „Versteckt" ist gar kein Ausdruck. Ohne Hugo hätte ich niemals den Eingang des Restaurants gefunden. Das El Mariachi kann nämlich nur über den dunklen, abgelegenen Treppenaufgang zu einem Hotel erreicht werden. Doch der grandiose Ausblick und das Essen ließen diesen gruseligen Eingang vergessen. Nachdem wir vorzüglich gespeist haben, erfüllt sich durch Zufall ein kleiner Wunsch von mir. In den letzten Jahren wurden in México immer wieder Veränderungen der Banknoten praktiziert. Wesentlicher Hintergrund ist, dem Falschgeld den Kampf anzusagen. So veränderte sich im Laufe der Zeit die 20 Pesos Münze, nach Einführung des Geldscheines, zu einem Auslaufstück.

Als die Kellnerin unser cambio bringt, erkennt Hugo sofort, welches Glück wir haben. Auf dem Tablet liegen 2 x 20 Pesos Münzen angerichtet, die ein wirkliches Stück Geschichte mit sich bringen. Wie du dir sicher denken kannst, habe ich diese Münzen nie wieder ausgegeben. Im Gegenteil: Als ich von diesem Ausflug zuhause angekommen bin, habe ich die Münzen prompt in mein Erinnerungsbuch eingeklebt. Bis heute sind sie für mich Andenken an einen großartigen Ausflug. Doch in den folgenden Tagen soll dieser Ausflug nochmal in den Schatten gestellt werden.

17. El Rancho

Schon sind die ersten beiden Monate um und es geht strikt Richtung Jahresende 2022. Während ich Weihnachten in Guzman und El Grullo verbrachte, bin ich nun im Bundesstaat Nayarit in Westmexiko nahe der Hauptstadt Tepic. Mein Mitbewohner Martín kommt ursprünglich aus diesem Bundesstaat und ist in Santa Maria del Oro (SaMaO) aufgewachsen. Noch heute lebt an diesem Ort ein Teil seiner Familie. Zufälligerweise hatte er für die Tage zwischen Weihnachten und Silvester vorgesehen, dorthin zu fahren, um anschließend zur Ranch seiner Eltern weiterzureisen. Durch einen glücklichen Zufall kann ich ihn bei seiner Unternehmung begleiten. Nun ist es so, dass SaMaO nicht einfach nur ein überschaubarer Ort ist. Wie der Name verrät, ist Martíns Herkunftsort sehr verbunden mit dem ehemaligen Goldabbau. Prägend für den Namen ist die Mine Acuitapilco, die SaMaO in einen einstigen Goldrausch führte.[5]

Noch geflasht von dem wahrhaftigen Verkehrschaos in Tepic, das sogar Großstädte in Deutschland komplett in den Schatten stellt, laufe ich mit Martín quer durch SaMaO. Dabei kann ich vom früheren Goldrausch auf die Schnelle nichts erkennen. Was

---

[5] Muñoz, Laura (2022): Santa María del Oro, un lugar para enamorarse más de Nayarit, abgerufen unter: https://mexicorutamagica.mx/2022/01/10/santa-maria-del-oro-nayarit-caracteristicas-leyenda-hoteles/, abgerufen am 10.05.2024

mir jedoch auffällt, sind das pompöse Rathaus und die wunderschöne Kirche.

Die erste Station unserer mehrtägigen Reisetour ist das Haus von Martíns Tante und ihrer Tochter. Nach der sehr herzlichen Begrüßung und einem unterhaltsamen Gespräch, wie es uns in den letzten Monaten erging, fällt mir die etwas andere Lebensweise auf. Bisher habe ich fast ausschließlich Zeit in der Metropole Guadalajara verbracht, die sich von der Gemeinde SaMaO mit rund 22.000 Einwohnenden sehr unterscheidet.[6] Beim Verköstigen von ceviche, einem in Lateinamerika weitverbreiteten Fischgericht, bemerke ich ein Haustier der Familie. Eine süße, braunhaarige Hündin, deren Rasse ich nicht wirklich identifizieren kann. Obwohl die Hündin etwas verrückt erscheint, ständig mit ihrer Plastikflasche umherrennt, schließe ich sie doch schnell in mein Herz. Anders sieht es mit den restlichen Haustieren aus. Während ich mit Martín in unserem gemeinsamen Zimmer die Rucksäcke verstaue, gibt er mir zu verstehen, dass ich unbedingt die Türen schließen soll. Es kommt sonst nicht selten vor, dass eine Katze ins Zimmer kommt und ihr Geschäft dort verrichtet. Bevor ich nachfragen kann, warum hier Katzen ein und ausgehen, sagt Martín: „¡Mi hermana tiene ocho gatas y no olvidas los conejos en el baño!" *Habe ich das gerade richtig verstanden? Ein*

---

[6] Brinkhoff, Thomas (k. A.): Santa María del Oro, abgerufen unter: Santa María del Oro (Gemeinde, Mexiko) - Einwohnerzahlen, Grafiken, Karte und Lage (citypopulation.de), abgerufen am: 10.05.2024

Kaninchen im Badezimmer? Was zur Hölle haben Kaninchen dort zu suchen?

Martín erklärt mir, dass es in der Vergangenheit vorkam, dass die Kaninchen auf dem Hinterhof der nächtlichen Kälte erlagen. So hat sich seine Tante dazu entschlossen, das Draußenklo in den kälteren Monaten als provisorischen Kaninchenstall zu benutzen. Des Öfteren erschrecke ich mich bei meinen Toilettengängen, weil unter dem Abflussrohr der Toilette ein ausgewachsenes Kaninchen liegt. Viel schlimmer ist die Situation, als ich auf dem Thron sitze und das Kaninchen lautstark anfängt zu knurren. An dieser Stelle ist selbst bei mir Beeilung gefragt...

Neben diesem Tierzirkus gibt es ein ganz besonderes Highlight. Martín lädt mich zu einer mexikanischen Temazcal ein. Eine Temazcal ist ein traditionelles Dampfbad, das auf prähispanische Zeit zurückzuführen ist. Schon als wir am zeremoniellen Ort ankommen, sehe ich, dass ein Lagerfeuer lichterloh brennt und in ihm mehrere große Vulkansteine rot glühen. Gegenüber steht ein Gerüst, das durch eine Lederplane überspannt wird und mich stark an ein Iglu erinnert. Inmitten dieses Konstruktes wurde ein Loch ausgehoben, das für die Zeremonie eine elementare Rolle spielt.

Nachdem ich mich bis auf meine Badehose entkleidet habe, geht es schon los mit der heilenden Prozedur. Bevor ich den Raum betreten darf, werde ich mit Weihrauch gesäubert und spreche anschließend auf den Knien ein kurzes Gebet. Mit Blick ins schwarze Loch, in das schon drei mutige Personen vor mir hineingegangen sind, steigt die Aufregung in mir. *Was passiert mit mir darin? Was kommt auf mich zu? Und bitte, lass mich nicht vor Nervosität umkippen.*

Als alle ihre Plätze eingenommen haben, fängt die Zeremonienmeisterin mit dem Ritual an. Wir singen zusammen traditionelle Lieder, danken Mutter Natur für das Leben und für die Gesundheit und fangen an, uns durch die Kräuteraufgüsse zu reinigen. Während anfangs nur drei heiße Vulkansteine in der dunklen Höhle vor sich rot hin schimmern, werden bei jedem der vier weiteren Durchgänge weitere Steine in die Höhle gebracht. Dabei benetzt die Zeremonienmeisterin immer wieder die Steine mit Wasser und Kräutern, sodass nicht nur die Wärme durch die weiteren Vulkangesteine ansteigt, sondern auch die Luftfeuchtigkeit. Während ich in der ersten Runde nur ein leichtes Kratzen in meiner Lunge vernehme, ist die letzte Runde kaum auszuhalten. Die Luftfeuchtigkeit innerhalb dieser Zeremonienhöhle lässt die Decke anfangen zu tropfen. Sie ist so enorm, dass trotz der erhellenden Steine meine Sitznachbarn nicht mehr erkennbar sind. Wir sind in einem Rausch, bei dem ich mich voll und ganz auf das Ritual einlassen kann. Doch gegen Ende schlagen sich die hohe Feuchtigkeit sowie Wärme auf mein Wohlempfinden nieder, sodass ich kurz davor bin, die Zeremonie abzubrechen. Gerade als ich das Wort ergreifen will, öffnet sich der Vorhang des Ausgangs und in der Ferne kann ich verschwommen das Lagerfeuer erkennen. Ich habe das Ritual überstanden und ein leichter, kühler, erfrischender Luftzug erreicht meinen Körper. In mir steigt ein

Gefühl der Neugeburt auf, welches ich in mein Abschlussgebet aufnehme. Mit Blick auf die Elemente der Zeremonie nehme ich mir meine Zeit und verabschiede mich von unserer Schamanin.

Die Zeremonie ist für mich kein Magic Point, wie es der Überfall war. Es ist ein Erlebnis, das seine ganz eigene Besonderheit besitzt. Es fällt mir schwer, diese Emotionen verständlich zu beschreiben. Ich finde, du musst selbst dieses Erlebnis einmal machen, dich mit einer Schamanin in einem dunklen Loch an mehrere hundert Grad heiße Vulkangesteinsbrocken setzen, indigenen Musikinstrumenten zuhören und die Gesänge der Gruppe aufnehmen. Es ist einfach unbeschreiblich motivierend und zugleich beruhigend.

Gerade als ich mich an das Leben in SaMaO und dem Tierzirkus von nebenan gewöhnt habe, geht's in einem colecivo - einem Transporter für Reisende zur Ranch von Martins Eltern. Während der Fahrt merke ich, wie kurz die Zeit für viele Erlebnisse ist. Es bleibt kaum Zeit, die ganzen Eindrücke aufzunehmen und zu verarbeiten. Und wenn ich das mache, sitze ich schon in irgendeinem neuen Abenteuer.

Am Haus der Eltern angekommen, begrüßen uns direkt zwei Hunde. Die Ranch ist wirklich groß, aber sehr abgelegen und deshalb habe ich die Rolle der Wachhunde zu dem jetzigen Zeitpunkt noch nicht verstanden. Das getraute Heim der Eltern ist überschaubar, denn neben Küche und Essensraum gibt es noch ein Bad und ein Schlafzimmer. Das hört sich erstmal nicht so aufregend an. Aber wenn ich dir erzähle, dass ich hier nahezu ohne

Elektrizität, ohne Internet oder Handyempfang, ohne Dusche, ohne Toilette, bei der man nur den Knopf drückt und und und lebe, klingt dieses überschaubare Heim schon nach einem richtigen Abenteuer, oder?

Wer jetzt denkt, das klingt nach Armut, der kennt die spannenden Aspekte hinter dieser Lebenswahl nicht! Die Eltern von Martín haben sich aus bestimmten Gründen für dieses Leben entschieden. Der Vater hat die Nachfolge des Großvaters als Farmer von über 60 Rindern angetreten. Er hütet und pflegt seine Herde, ihre Existenz, jeden Tag. Er verdient den Lebensunterhalt im Wesentlichen durch den Verkauf von Rindern und Kälbern. Da mich dieser Generationenwechsel in solch einer Landwirtschaftsform brennend interessiert, frage ich Martín, ob er sich vorstellen kann, einen Abschnitt seines Lebens hier als Farmer zu verbringen. Die Unterschiede zu Guadalajara als zweitgrößte Stadt Mexikos könnten kaum unterschiedlicher sein, und so ist Martíns Antwort: „In völliger Einsamkeit leben meine Eltern nicht, denn neben den Tieren gibt es in 4 km Entfernung ein Dorf, in dem Freunde und Verwandtschaft der Familie leben. Doch diese Unterschiede zwischen Land- und Stadtleben, wie ich sie nun kenne, sind für mich zu enorm." Und seien wir mal ehrlich, 24 Stunden auf einer Ranch als Farmer zu arbeiten, egal bei welchem Wetter, egal in welcher körperlichen Verfassung, egal an welchem Tag, ist ein Knochenjob. Hierfür sind ein besonderes Interesse, Hingabe, Motivation und Eignung unabdinglich.

Doch ich lerne ebenso die unbezahlbaren Dinge dieses Lebens kennen. Zusammenhalt und gegenseitiges Vertrauen sind das A und O. Einen Abend essen wir zusammen frisch zubereitete Tacos, selbstgemachten Käse und Bohnen. Dabei genießen wir einen Anblick, den ich niemals in meinem Leben vergessen werde. Du musst wissen, das Anwesen liegt auf einer kleinen Anhöhe, sodass die Aussicht auf die Farm und auf die in der Ferne liegenden Berge unglaublich eindrucksvoll ist.

Doch sobald die Dunkelheit über der rancho – der Ranch hereinbricht, zeigt sich der Ort von einer anderen, gruseligen Seite. Wer denkt, dass in solch einer Gegend nachts der Hund begraben liegt, irrt gewaltig. Neben den hundertaussenden Grillen, die ein nächtliches Konzert veranstalten, erschrecke ich im Bett liegend bei tosendem Gebell. In diesem Augenblick verstehe ich, dass alles, jede Person und jedes Tier seine Aufgabe hat.

Ich kenne die Notwendigkeit von Hütehunden. Ohne diese Beschützer kommt es auch in Deutschland nicht selten vor, dass das eine oder andere Tier gerissen wird.

Ich weiß, dass zwischen uns und der nächsten Stadt nur die Prärie und einige Wälder liegen. Weit und breit ist mit Ausnahme des nächstliegenden Ortes im Notfall keine Hilfe zu finden. Nun höre ich die Hunde laut bellend. Warum schlagen sie an? Ich bemerke auch, dass niemand aus der Familie Anstalten macht, etwas dagegen zu unternehmen. So beruhige ich mich und höre den Hunden beim Verrichten ihrer Aufgabe zu. Es ist eine Mischung aus Staunen, da sie gerade ihr Leben gegen wilde Tiere riskieren, um uns und die Herde zu beschützen, sowie Sicherheit, da ich sie kennengelernt habe und weiß, dass mehr kommen muss als ein paar hungrige Kojoten. Das tosende Gebell bringt Martín um seinen Schlaf, doch ich höre dem Geschehen aufgeregt zu.

Am nächsten Morgen machen wir uns zum nahegelegenen Dorf auf. Wir beabsichtigen, Martíns Onkel und Tante zu besuchen. Nach 15 Minuten auf der einzigen Straße weit und breit sehe ich zu meiner rechten Seite eine Brücke. Es ist nicht irgendeine Brücke, sondern eine Brücke, die einiges an Mut abverlangt, um sie zu überqueren. Sie besteht aus vier rostigen Drahtseilen. Zwischen ihnen sind Drahtgeflechte als Fallschutz, die mich eher an einen Kaninchenzaun erinnern als vertrauenserweckend zu wirken. Übertroffen wird dieses ganze Konstrukt durch Holzbohlen, auf denen die Schlucht passiert wird. Martín fragt mich bei meinem längeren Blick in Richtung Brücke: „¿Quieres cruzar el puente?" Ich verstehe die Frage nicht. Natürlich will ich! Und so führt mich diese Reise zu meinem nächsten Magic Point.

Um ehrlich zu sein, ist es schon leichtsinnig, einfach über den fast 30 m tiefen Canyon auf dieser klapprigen Brücke zu überqueren. Doch jedes Mal, wenn ich an die Überquerung dieser Brücke denke, stelle ich so viele Parallelen zu meinem Freiwilligendienst hier in México fest. Genau wie die Brücke hat er einen Anfang und ein Ende. Dazwischen liegt ein Abschnitt, den es zu erleben gilt und der mich bei meinem Lebensweg weiterbringt. Die Schritte dieses Weges sind geprägt von verschiedenen Abständen, von unterschiedlich weit entfernten Stationen und immer der

Gefahr, abzustürzen. Die Entwicklung meiner selbst verläuft nicht linear oder in regelmäßigen Abständen, denn manchmal ist einfach ein größerer Schritt erforderlich, um nicht durch die Lücken zu fallen.

Ich hätte natürlich die sichere Betonbrücke wählen können, von der Martín Fotos macht. Doch ohne meinen klapprigen Weg wäre ich nicht zu dieser Erkenntnis gekommen und hätte sie dir nicht auf deinen Weg mitgeben können. Mir ist bewusst, es hätte mein letzter Weg sein können, die Seile hätten reißen können, ich hätte unter ungünstigen Umständen hinunterfallen können, aber merkst du, diese vielen könnte, hätte, sollte? Während meines Aufenthaltes in México suche ich immer wieder Herausforderungen, bei denen ich meine Angst überwinden muss und über mich hinauswachsen kann. Und ich werde dir noch verraten, welche besonderen Aktionen ich meine!

Wie in den ersten Monaten verfliegt auch in Nayarit die Zeit, doch auch wenn durch die vielen Impressionen für mich die Zeit schneller vergeht, bemerke ich immer wieder Besonderheiten des mexikanischen Lebens. Überrascht hat mich die Silvesternacht an meinen letzten Tagen hier in Nayarit. Anders als du vielleicht denkst, ist diese ausgesprochen ruhig verlaufen.

In meinem deutschen Umfeld zählen alle gemeinsam aufgeregt den Countdown bis zum neuen Jahr runter und stoßen darauf an. Hier auf der Ranch verläuft der Neujahrsglückwunsch viel ruhiger. Bis in die Nacht wird zwar gegrillt und Alkohol getrunken. Doch als es 0:00 Uhr schlägt und ich mit Elisa, die einige Tage nach meiner Ankunft mit Alex zur rancho kam, „¡Feliz año nuevo!" rufen, wird nur mit einem „Oh, schon null Uhr!" das neue Jahr eingeläutet. Es umarmen sich alle, aber das ist es auch schon. Statt explodierenden Raketen, detonierenden Böllern oder um die Ohren fliegenden Knaller surren nur die Grillen in der Umgebung. Aus der Ferne sind nur einige Pistolenschüsse zu hören. Insgesamt dann doch wohl eines meiner ruhigsten Silvester. Ich finde es nicht traurig. Es ist einfach nur eigenartig. In Deutschland wird jedes Jahr über das Böllerverbot aufs Neue diskutiert. Hier ist es möglich, ohne Folgen mit Pistolen rumzuballern, und doch sind mit vereinzelten Ausnahmen alle komplett ruhig und denken nicht einmal daran, dieses ruhige Beisammensein zu stören.

Aus diversen Gründen fahre ich am nächsten Tag mit einem lachenden und einem weinenden Auge wieder in Richtung Guadalajara. Ich werde die Zeit in Nayarit nie vergessen. Doch so schön die Reise in ein komplett anderes Leben ist, sehne ich mich nach etwas Ruhe und freue mich auf mein eigenes Zimmer.

18. Fakten über Fakten und doch ist alles anders!

Viele Fakten, Zahlen und Zusammenhänge lassen sich über Bücher und das Internet problemlos abrufen. Doch während der vielen Gespräche mit den Locals habe ich einen ganz anderen, einen tiefen Einblick in das mexikanische Leben bekommen. Häufig habe ich nach diesen Gesprächen noch Recherchen betrieben, um mehr über Zusammenhänge zu erfahren und welche Auswirkungen sie haben.

Nach meiner Auffassung ist die Auseinandersetzung mit den örtlichen Gegebenheiten und Faktoren ein wichtiger und wesentlicher Bestandteil des internationalen Freiwilligendienstes. Mit anderen Worten haben die Freiwilligen ein gewichtiges Wort in Unterhaltungen. Sie haben über einen längeren Zeitraum die verschiedenen Facetten eines Ortes oder mehrerer Orte in einem anderen Land kennengelernt. Ganz México innerhalb eines Jahres zu bereisen, ist schlichtweg unmöglich und unter Einbezug der politischen und örtlichen Umstände nicht überall ratsam. Während besonders an der Grenze zur USA Kartelle ihren Einfluss und ihre Dominanz expandieren wollen, sorgt insgesamt die Größe des Landes für strukturelle Besonderheiten.

México zählt mit 1.964.375 km² zu den 15 größten Ländern unserer Erde. Deutschland passt mit einer Fläche von 357.588 km² ca. 5,5-mal in die Landesfläche Mexikos hinein. Somit überlege dir genau, wenn du jemanden in México versprichst, morgen jemanden in einem der 31 Bundesstaaten zu besuchen.

Was mich in verschiedenen Gesprächen mit den Locals sehr interessiert, sind die Arbeitsbedingungen. Dabei stellt sich heraus, dass diese unheimlich schwanken. Aufgrund der Ländergröße und der gravierenden regionalen Unterschiede, was sich allein schon zwischen Land und Stadt erheblich bemerkbar macht, lassen sich aus meiner Sicht nur schwer verallgemeinernde Aussagen fassen. Der Mehrheit zufolge bieten staatliche Stellen meist bessere Arbeitsbedingungen. Von meinen mexikanischen Mitbewohnern erfahre ich, dass das Durchschnittsgehalt in großen Teilen Mexikos bei ca. 5.600 mexikanischen Pesos liegt, was je nach Wechselkurs ca. 311 € entspricht. Bei der Recherche im World-Wide-Web fallen mir die vielen unterschiedlichen Angaben zu diesem Thema auf.[7] Für mich steht jedoch fest, dass allein der Flug nach Deutschland mehrere Monatsgehälter betragen kann.

Des Weiteren freue ich mich in Deutschland über einen Jahresurlaub von 30 Tagen. Doch in México sieht das bei vielen Personen anders aus. Ich habe mit einem mexikanischen Freund darüber gesprochen. Bevor er seine neue Stelle im Bereich des Automobilsektors angetreten hat, hatte er im Jahr 6 Tage Urlaub. 6 Tage Urlaub bei einer Vollzeitwoche! Nun hat er 12 Tage Urlaub im Jahr und die offiziellen landesweiten Nationalfeiertage,

---

[7] Hrsg.: eglitis-media (2024) Durchschnittliches Einkommen weltweit, abgerufen unter: Durchschnittliches Einkommen weltweit (laenderdaten.info), abgerufen am: 10.05.2024

von denen einige auf einen Wochenendtag fallen. Wer jetzt noch in Deutschland meckert, darf sich gerne hier ausprobieren.

Anhand dieses kurzen Exkurses wird deutlich, welche Privilegien und Lebensqualitäten in Deutschland vorliegen. Allein der Pappkarton, den man Reisepass nennt, ist mit einer deutschen Nationalität eine Eintrittskarte in quasi jedes Land, während andere Nationalitäten erhebliche Komplikationen bis hin zur Einreiseverweigerung mit sich bringen. Demzufolge ist in vielen Fällen allein der Geburtsort mit der daran geknüpften Nationalität ein Faktor, der zu unterschiedlichen Lebenschancen mit daran gekoppelten Privilegien führt. Das klingt für mich nach Wahnsinn, der mir vorher nie so bewusst war, aber das ist weitverbreitete Realität in unserer Welt.

19. Nur Reisen, oder was?

Ich versuche, diese Privilegien mir stetig ins Bewusstsein zu rufen und bei jeder Reise als Geschenk zu verstehen. Erst dadurch kann ich das Abenteuer México und die aufregenden Herausforderungen wahrnehmen.

Ein Freiwilligendienst in México hört sich abenteuerlich an und bisher habe ich viel darüber erzählt, welche Orte ich besucht habe, oder von den aufregenden Herausforderungen. Doch nun wird es Zeit, dir einen Einblick in meinen typischen Arbeitstag im Parque Agua Azul zu geben, denn meine Hauptzeit in México verbringe ich dort.

Mein gewöhnlicher Arbeitstag beginnt mit dem schrillen Alarm des Weckers um 07:00 Uhr. Jeden Morgen bereite ich mir mein Frühstück mit einer diversen Auswahl an Früchten mit Sonnenblumenkernen und Haferflocken zu. Nicht nur, weil die Früchte im Vergleich zu Deutschland sehr billig sind und meinen begrenzten Geldbeutel nicht zu sehr strapazieren, sondern weil die Früchte einfach superlecker sind.

Von welchen Früchten rede ich hier? Nun ja, ich habe mich sehr in die Mango-Zeit verliebt. Doch auch die Pitahaya (Drachfrucht) werde ich wegen ihres Geschmackes in Deutschland sehr vermissen. Neben dem Früchtemix bereite ich mir noch Tee und das Essen für die Arbeit zu. Anschließend geht es ab zur Haltestelle, wo ich auf eine der drei camión-Linien warte, die mich dann nach knapp 40 Minuten Fahrzeit zum Parque Agua Azul bringen. Dort angekommen, erwarten mich meist schon andere Praktikanten und Studierende, die dort einen Freiwilligendienst oder ihr Praxissemester ableisten. In der Regel sind wir täglich 6 bis 8 Helfende und 2 bi3 Festangestellte.

Meine erste Amtshandlung besteht darin, die Klinik aufzuschließen, da ich der Einzige unter den Freiwilligen bin, der einen Schlüssel hat. Anscheinend bin ich irgendwie vertrauenserweckend und verantwortungsbewusst, oder sie wollen einfach nur nicht, dass ich auch noch im Park überfallen werde... Wie auch immer. Danach findet der spannendste Teil des Tages statt. Jeden Morgen kommt es zur Abstimmung und gelegentlich zur Auslosung, wer in der Küche arbeitet oder wer die Reinigung der Käfige und die anschließenden Fütterungen der Tiere sowie Führungen in der Voliere übernimmt. Das ist eine Vorgehensweise, an die ich mich nie gewöhnen werde. Auch wenn Strukturen aufgestellt werden und wir uns für die entsprechenden Gruppen eingeteilt haben, hält diese Konstellation maximal zwei Wochen. Es hört sich erstmal typisch mexikanisch an, alles wird spontan entschieden, so ist es auch, doch man darf an dieser Stelle nicht vergessen, dass durch die limitierten Praktikumszeiten eine ständige Personenrotation stattfindet. Genau da zeigt sich meines Erachtens der Vorteil der sehr spontanen Arbeitsweise.

Aber nun zurück zum täglichen Ablauf in der Welt der schrägen Vögel. Die Tätigkeiten im Küchenteam umfassen die Zubereitung der Mahlzeiten für die Tiere, die bei der Klinik temporär oder permanent unterkommen, und den sonstigen Vögeln, Schildkröten und Leguanen in der Voliere. Immer wieder müssen auch die Tiere des Parkes aufgrund von Verletzungen, Infektionen, Parasitenbefall oder schlechter körperlicher Verfassung medizinisch behandelt werden.

Während es also in der Küche um das Kleinhacken von Obst und Gemüse und dessen Aufteilung sowie die medikamentöse Verpflegung geht, sorgt das andere Team für die Reinigung der Vogelkäfige. Das ist deutlich anstrengender, da meist nur Besen, recogedores – Kehrschaufeln, Wasserschläuche und Abzieher für 20 Käfige in der Klinik zur Verfügung stehen. Außerdem muss an jedem Tag die gesamte Vogelvoliere auf die gleiche Art gesäubert werden, um sie für umweltthematische Führungen herzurichten. Zu Spitzenzeiten am Wochenende oder während besonderer Tage wie dem Weltumwelttag besuchen bis zu 300 Personen allein die Vogelvoliere.

Zur Vorbereitung dieser Führungen nehme ich an Vorträgen teil, um mehr über die Tiere und die Auswirkungen der Gefangenschaft zu erfahren. Mithilfe dieser Schulungen werde ich sensibilisiert für die einzelnen Tierarten. Ich erfahre viel über ihre Vitalität und Charaktereigenschaften. Diese Informationen kann ich wiederum in Gesprächen an die Besucher und Besucherinnen weitergeben.

Täglich bewerkstellige ich zusätzlich sogenannte Spezialaufgaben. Hierunter fallen das Angeln im Parkteich für den Reiher mit dem Namen Ariel, die Zubereitung von Leckereien für die Aras im Klinikbereich, Rettungsmaßnahmen im Stadtbereich, oder Nekropsien, wenn ein Tier verstorben ist. Eine meiner besonderen Spezialaufgaben ist das Füttern einer Schleiereule. Hierzu bereite ich Ratten und Rattenteile sowie Mäuse vor.

Es hört sich erstmal total interessant an, doch während meiner Zeit hier verändert sich meine Auffassung. Ich verstehe meine Tätigkeiten immer mehr als Irrsinn. Es klingt verwirrend, oder? Lass mich den Sachverhalt an nur einem Beispiel etwas erläutern.

Im Aviario-Bereich versuchen wir vor allem kranken, teilweise nicht ohne menschliche Hand überlebensfähigen Tieren zu helfen und mit Medikamenten ein möglichst langes Leben zu schenken. Das klingt erstmal fantastisch und ehrenwert, dass wir Tieren in Not helfen. Doch ich gewähre dir einen Blick hinter die Kulissen und hinterfrage diesen Umstand. Einige unserer Tiere sind klassische Jäger, sodass sie sich von Fleisch und Organen anderer Tiere ernähren. Doch warum sind sie bei uns gelandet? Ganz richtig, weil sich das Jagen für sie angesichts der körperlichen Einschränkung und der Gefangenschaft unmöglich gestaltet. Den Selbsterhalt können sie nicht aufrechterhalten. Und an dieser Stelle kommt ein wesentlicher Faktor in das System. Um den Tod dieser Tiere weiter hinauszuzögern, müssen durch den Menschen Tötungen und Zerstückelungen von gesunden, lebenden und reproduktionsfähigen Tieren stattfinden. Genau mit diesem Wertfaktor habe ich während meiner gesamten Zeit in der Klinik stark zu kämpfen. Ich als Regulator Mensch sorge dafür, dass kranke, nicht reproduktionsfähige Tiere in Gefangenschaft mit gesunden, reproduktionsfähigen Tieren gefüttert werden, um schlussendlich in einer Vogelvoliere als Showelement zur Belustigung der Leute umherzuflattern. Es werden zwar die ökologischen Kontexte erklärt und die Umstände am Rand von Führungen nahegebracht, doch während der gesamten Zeit finde ich keine Vereinbarkeit mit dieser „umweltgerechten" Handhabung.

Wie du sicherlich erkannt hast, wird in der Klinik versucht, Tieren zu helfen. Doch ist das wirklich so? Oder selektiert der Mensch durch seine Machtausübung nur zwischen den Individuen und Arten aus? Versucht er seine Überlegenheit durch das Geben und Nehmen von Leben zu demonstrieren?

Ich gebe zu, für mich gleicht dieses System eher einer Machtdemonstration, und diese Auffassung soll noch Konsequenzen für mich haben...

20. Das Begleichen der offenen Rechnung

Um nicht zu sehr in diese negative Gedankenwelt abzurutschen, möchte ich dich mit zu einem meiner aufregendsten Tage in Guadalajara mitnehmen. Dan, ein anderer Freiwilliger, ist zu Besuch in der Hauptstadt Jaliscos und ich will ihm unbedingt eines meiner Highlights zeigen. Zu diesem Zeitpunkt weiß ich noch nicht, dass der gemeinsame Ausflug uns beiden alles abverlangen wird und wir dabei unser Leben riskieren.

Bei diesem Magic Point handelt es sich um die Barranca de Huéntitan. Vielleicht erinnerst du dich noch, dass ich mit der Familia Mexicana schon einmal dort war und mir eine Idee auf die To-do-Liste geschrieben habe. Während Dan und ich wie bei meinem ersten Besuch den einfachsten Weg hinunterlaufen, erzähle ich ihm vom Pueblo de los perros und den Möglichkeiten, wie wir die Barranca hinaufsteigen können. Dan scheint mir ziemlich beeindruckt und ist angetan von der nicht mehr intakten Eisenbahnstrecke, deren Route unter vielen Mexikanern als extrem anspruchsvoll gilt. Angekommen am verlassenen Dorf der Hunde durchstöbern wir zunächst die ausgestorbenen Ruinen. Dieser Ort wirkt schon sehr gespenstisch, doch dass hier nur Hunde unterwegs sind, kann ich nicht bestätigen. Gelegentlich sehen wir andere Wanderwütige, die ihr Glück beim Aufstieg auf den alten Schienenschwellen testen.

Der Aufstieg, den wir nun anvisieren, gliedert sich mehr oder weniger in drei Etappen, wovon jede heimtückisch ist. Als wenn das noch nicht reicht, sage ich dir jetzt schon, dass jeder Abschnitt noch steiler wird, und wir machen alles ohne irgendeine Sicherung, nur wir und unsere Schuhe. Hilfreich sind die fast über den gesamten Weg verankerten Schienen, die bei dem extrem steilen Anstieg das Festhalten vereinfachen.

Ohne zu wissen, was uns so richtig blüht, starte ich beim ersten Abschnitt recht entspannt. Wir machen von Anfang an in regelmäßigen Abständen Pausen und achten darauf, dass wir die Schattenplätze auf dem Weg nutzen. Die Temperatur in der Sonne ist um diese Jahreszeit schon fast unerträglich und wir sind froh, ausreichend Flüssigkeit eingepackt zu haben. Doch bei zunehmender Höhe werden die Schattenplätze immer seltener und deshalb orientieren wir uns an den anderen Lebensmüden.

Recht souverän am ersten Ausstiegspunkt angekommen, überlegen wir zusammen, ob wir weitermachen sollen, denn der neue Abschnitt beginnt mit einem fehlenden Gleisbett. Zwischen den Gleisbohlen kann ich 4 bis 5 m nach unten hindurchschauen. Dabei kann ich andere Personen unter mir erkennen, die unseren Abstieg entlanglaufen. Dan und ich sind uns unsicher, ob wir über diesen löchrigen Abschnitt hinüberklettern sollen. Uns packt der Mut und wir pushen uns gegenseitig. „Los, wir sind nur einmal hier!" sagen wir gemeinsam und so klettern wir auf allen Vieren über den Anfang des 2. Abschnittes.

In mir steigt der Puls und ich merke, wie mein Herz in der Brust schlägt. Wenn ich jetzt hier hinunterfalle, dann hat sich eine Menge erledigt. Vielleicht breche ich mir was, oder ich kann nie wieder laufen oder ich verliere mein Leben… Bevor ich so weit denken kann, bin ich über diesen aufregenden Abschnitt hinweg und wir feiern uns gegenseitig für den aufgebrachten Mut. Um es wirklich zu glauben, schauen wir noch einige Sekunden auf diesen Abgrund. Dann drehen wir uns um und unsere Freude geht wieder in den Ernst der Lage über. Während wir noch beim 1. Abschnitt problemlos laufen konnten, heißt es von nun an, auf allen Vieren vorwärts zu kriechen. Wir merken schnell, dass wir unsere Kraftreserven einteilen müssen, um heil aus diesem Abenteuer herauszukommen. Dennoch sind wir so stolz auf uns selbst und wollen uns beweisen, dass wir es wie andere weiter schaffen. Und ich meine hier den kompletten Anstieg, auch wenn wir noch nicht wissen, wann und wo dieser enden wird. Unterstützen können Dan und ich uns nur durch verbale Motivationen. Jeder von uns muss hier allein durch. Da hilft kein Jammern. Und so kommen wir gesund am 2. Ausstiegspunkt an und beobachten eine Gruppe, die sich mitten im letzten Abschnitt befindet. Es schaudert uns und mir läuft es trotz der 35 °C eiskalt den Rücken runter. Diesen Anblick musst du selbst gesehen haben. In der Ferne sieht man kleine Punkte, die versuchen, eine nahezu senkrechte Wand hinaufzusteigen. Ich sage dir: „Heilige Sch****, geht mir der Arsch auf Glatteis!" ohne überhaupt angefangen zu haben. Dan und ich schauen uns an, ob einer von uns eine Entscheidung treffen möchte, wie wir weitermachen... Wir wissen, es ist extrem gefährlich und jeder Schritt kann der Letzte sein... Ich ergreife das Wort und sage zu Dan: „Los wir machen das jetzt!" Gesagt getan und auf geht es mit dem Hintergedanken: *Was für eine Sch**** machen wir hier eigentlich?*

Die letzte Etappe ist wahrscheinlich steiler als eine Skisprung-schanze, nur dass wir sie halt hochsteigen! In der Mitte des Ab-schnittes überfällt mich die Angst. Wir haben zwar etwas Abstand zu den Vorderleuten eingehalten, damit sie uns nicht mitabbräu-men, falls sie den Halt verlieren, aber ich habe selbst noch Dan hinter mir und ich weiß, falle ich, fällt er mit hoher Wahrschein-lichkeit mit mir! Scheiß Verantwortung sage ich dir, besonders wenn ich den nächsten Schritt auf allen Vieren mache und nur hoffe, bitte, bitte lass den Schuh genügend Grip haben. Zuneh-mend bemerke ich, dass ein Festhalten mit den Händen nahezu unmöglich wird. Es ist schon ein ungeheuerliches Gefühl. Ich bin kurz davor, den Halt zu verlieren, und wirklich knapp vor dem Absturz. Ich halte mich verkrampft mit meinen Fingerkuppen an einer winzigen Schraubenmutter fest, während in meinem Kopf der Absturz aus 40 m abläuft. *Was wird mit mir passieren, wenn ich jetzt den Halt vollkommen verliere? Ist es mein letztes Aben-teuer und wie werden meine Familie, Freunde und Bianca davon erfahren?*

Wir haben einen Punkt auf unserem Weg erreicht, an dem ein Umdrehen ausgeschlossen ist. Wir können nicht mehr anders als vorwärts. Es heißt Alles oder Nichts. Ich erinnere mich an den Überfall und weiß, nun gilt es, Ruhe zu bewahren! Konzentriere dich und du wirst das Ding schaukeln. Mit vereinten Kräften und dem ständigen Austesten, welche Seite dieses Weges für uns geeignet ist, steigen wir Schrittchen für Schrittchen weiter hinauf. Während das ausgeschüttete Adrenalin aktiv in meinem Körper umherwandert, erkenne ich in einigen hundert Metern einen Absperrzaun und rufe zu Dan: „Wir haben es gleich geschafft, ich sehe schon das Ende!" Ich weiß nicht, wie viele Stunden wir unterwegs waren, aber mit großer Erschöpfung und unbeschreiblicher Erleichterung erklimmen wir das letzte Stück des Gipfels. Als wir dort oben unseren Erfolg mit der unglaublichen Aussicht zelebrieren, schnaufe ich zu Dan: „Wenn uns jetzt jemand überfällt oder der Hund uns attackiert, ich gebe denen alles! Ich werfe denen meinen Rucksack an den Kopf, Hauptsache, die lassen uns hier in Ruhe liegen!"

Ich erinnere mich gerne an den Moment zurück, als Dan und ich auf unseren beschrittenen Weg hinunterblicken. Dieser Magic Point hat mir wieder gezeigt, was möglich ist, wenn die Angst den nötigen Respekt erfährt, aber welche Emotionen freigesetzt werden, wenn diese überwunden wird! Tatsächlich haben wir uns nicht von unserer Angst leiten lassen. Klar, es hätte schiefgehen können, aber wenn ich so denke, dann dürfte ich nicht hier in México sein. Dann hätte ich nicht mal in das Flugzeug einsteigen dürfen, das mich an diesen Ort brachte!

Also shit wat drauf, irgendwann kommt für alle das Zeitliche. Und genau diese Verinnerlichung macht vieles einfacher. Jedoch ist es ein Prozess, sich dessen bewusst zu sein, wie zerbrechlich wir trotz unserer ganzen Versicherungen und Gesetze sind!

21. Quer durch México...!

Um ein Land und sein Facettenreichtum kennenzulernen, muss man sich aus seinen vier Wänden bewegen.... Zusammen mit Bianca werde ich in meinem ersten Urlaub verschiedene Reisestationen erkunden. Um ihr die Anreise aus Deutschland erträglicher zu machen, haben wir beschlossen, die ersten Tage in Guadalajara bei Martín und Alex zu verbringen. Für diese Zeit haben wir uns etwas ganz Besonderes einfallen lassen, was nicht jedermann oder jederfrau positiv aufstoßen wird. Doch ich finde es wichtig, Konfliktfelder, die sich bei einem Stierkampf ergeben, kennenzulernen. *Wie funktioniert dieser Kampf zwischen Menschen und Tier überhaupt? Welchen kulturellen Stellenwert hat diese debattierte Unterhaltungsform und wie denken die Leute vor Ort selbst darüber?*

Ich merke bereits bei Gesprächen im Vorfeld des Events, dass das Thema Stierkämpfe als die Kultur Mexikos sehr unterschiedlich aufgefasst wird. Meine Mitbewohner distanzieren sich sehr deutlich von den ihrer Meinung nach abscheulichen Folterungen der Tiere, die mithilfe des Medikamenteneinsatzes chancenlos unter dem Jubel des Publikums abgeschlachtet werden.

Ich denke über Martíns Worte auf dem Weg zur Arena nach und spreche mit unserem Uber-Taxifahrer über die nationale Situation und darüber, welche Sicht er auf dieses angebliche Massaker hat.

Überraschenderweise argumentiert er genau in die entgegengesetzte Richtung und versteht die zunehmende Diskussion und Reduzierung der Stierkämpfe in México nicht. Aus seiner Sicht nimmt man der mexikanischen Bevölkerung einen Teil ihres kulturellen Erbes und begründet dies zum Wohle des Tieres, obwohl niemand das Wohl des Tieres vor dem Kampf sieht. Die Kampfstiere müssen gesund und prächtig sein und haben meist ein sorgenfreies Leben auf großen Farmen, und darunter sind oft auch Rassen, die ohne den Stierkampf nicht mehr gezüchtet werden würden.

Im Verlaufe des Gesprächs stellt der Fahrer ebenso wie ich die Frage: „Warum werden in vielen Fällen immer der Tod von Tieren als grausam erachtet, aber die Pflanzenwelt außer Acht gelassen?" Ich merke bei der Konversation, dass das Thema Stierkampf für ordentlich Zündstoff und Unverständnis in der jeweiligen Argumentation sorgt, wodurch ich mich noch mehr auf meine eigenen Erfahrungen und den Austausch mit Bianca freue. Um das mir Unbekannte nicht zu sehr zu unterstützen, buchten wir die kostengünstigsten Plätze der Stierkampfarena Guadalajaras.

Vor der Arena stehend bin ich beeindruckt, wie viele Menschen diesem Event nachgehen. Aufgeregt, was nun innerhalb dieses Areals passieren wird, nehmen wir unsere Plätze ein. Ich kann von meinem Platz die gesamte Szenerie und die Tribünen erblicken, und erkenne, dass das Kampffeld noch mit Wasser präpariert wird. Unweigerlich darauf folgt schon der erste Kampf, und was soll ich dir sagen...?

Es wirkt auf mich alles andere als aufregend. Während nach jeder Runde dem Kampfgewicht entsprechend ein Stier herausgestürmt kommt, steht er eine Minute danach schon fast orientierungslos in der Ringmitte. Die Körpersprache spricht Bände. Um überhaupt etwas wie eine kampfähnliche Handlung zu provozieren, locken die drei Helfer des Toreros den Stier gelegentlich zu sich. Mit mehreren Degeneinstiche schwächt der Torero von einem Pferd aus zusätzlich das Tier. Wenn es versöhnlich für das Opfertier läuft, wird es durch einen finalen Stich in den Nacken getötet. Doch es kommt nicht selten vor, dass genau dieser tödliche Stich sein Ziel verfehlt und in den Bereich der Lunge abrutscht. Unter buhenden Menschen speit der Stier schier endlos Blut aus Nase und Rachen, bis der Torero unter dem Druck der Zuschauer und Zuschauerinnen das Tier erlöst und Anerkennung für die Platzierung im Turnier verliert.

Bei all dem Risiko, das die Toreros für die Unterhaltung eingehen, kommt es bei allen Kämpfen nur zu einem Zwischenfall, bei dem Helfer dem gestürzten Torero sofort zur Seite stehen und den Stier vor einem wirklichen Angriff eigenständig töten.

Mich erinnert diese Situation stark an meine Arbeit, bei der ich gesunde Tiere für kranke Tiere töte. Für mich fühlt es sich an, dass die menschliche Überlegenheit und die Präsentation dieser Tatsache in vielen Bereichen zum Ausdruck kommen. Beim Warten auf das Uber-Taxi vor der Arena wissen Bianca und ich nicht, wie wir diese Erfahrung einordnen sollen. Wir haben uns das komplett anders vorgestellt. Gesehen haben wir eine doch sehr skrupellose Opferung zur reinen Unterhaltung...

Ich frage mich: *Bin ich anders? Sind Leute, die solche Events intensiv unterstützen und veranstalten, schlechtere Menschen als ich sind...?*

Diese Frage beschäftigt mich einige Zeit und ist ein kleiner Magic Point für mich. Denn ich komme zu einer Antwort. Nein, sind sie nicht! Genau wie die Toreros töte auch ich Tiere ohne einen weiteren Zweck. Moskitos, die mich Tag für Tag stechen wollen, befördere ich zwar auch wegen der Übertragungskrankheiten durch einen gezielten Schlag ins Jenseits, aber mehrheitlich nerven sie mich einfach mit ihren Stichen und Gesumme. Ich bin absolut kein besserer Mensch und werde auch die Wiedererweckung der größten mexikanischen Stierkampfarena in Mexico-City nicht verurteilen!

Santiago de Querétaro

Nachdem wir unsere ersten gemeinsamen Tage in México verbracht hatten, fahren wir mit dem autobús von Guadalajara nach Santiago de Querétaro. Diese zentralmexikanische Stadt zeichnet sich durch ihre Ruhe und Gelassenheit aus. Für Bianca und mich wirkt das wie pure Erholung. Mithilfe einer Unterkunftsplattform haben wir uns im Vorfeld eine Wohnung gebucht, die im Zentrum von Querétaro liegt, um möglichst viele Sehenswürdigkeiten und den Charme dieser Stadt zu erkunden. Dieser erwähnte Charme ist wirklich einzigartig und überträgt sich auch auf unsere

Wohnung. Die Eigentümerin, eine mexikanische Innenarchitektin, hat typisch mexikanische Elemente mit Upcycling verbunden. Nun waschen wir uns die Hände über einer ehemaligen Nähmaschine. Über eine schmale Wendeltreppe erreichen wir unsere Dachterrasse, auf der wir Querétaro überblicken können.

Im Zentrum der Stadt gibt es viele Marktstraßen, bei denen wir die für Querétaro charakteristischen und farbenfrohen muñecas – die Puppen erwerben. Abgerundet wird das Zentrum durch einen Wechsel aus Cafés und Restaurants sowie zahlreicher Tempelanlagen. Das Highlight für mich ist das Aquädukt, welches nahezu das Wahrzeichen der Stadt ist. Dieses durchzieht mit über einem Kilometer Länge die Stadt und ist für viele Touristen ein richtiger Magnet. So wie sich die Städte in México verändern, so hat sich das Aquädukt von einem einstigen Wassertransportsystem zur Befüllung der etlichen Wasserspeicher der Tempelanlagen zu einem imposanten Bauwerk längst vergangener Zeiten gewandelt.

Durch die verschiedenen Restaurants ist Querétaro ein echter Tipp, wenn du ein Verfechter oder eine Verfechterin von kulinarischen Highlights bist. Wie in Deutschland gibt es in Lateinamerika regionsspezifische Gerichte, sodass ich in Anbetracht meiner recht langen Zeit in Guadalajara hier neue Gerichte kennenlerne und ausprobiere. Grundsätzlich ähnelt sich vieles und es kommt in abgewandelter Form auf den Teller. Bestes Beispiel ist die typischerweise zu Fleischgerichten servierte Mole. Eine braune Sauce der mexikanischen Küche, deren Geschmack ich zu Genüge aus Guadalajara kenne, schmeckt hier ganz anders.

Querétaro, eine Stadt, die ich vor meinem Aufenthalt in México nicht ansatzweise kannte, wächst mir immer mehr ans Herz. Vielleicht sind es die dubiosen Geschichten, die sich die Einheimischen erzählen. Laut den Locals soll es ein Abkommen zwischen den Kartellen geben, dass Querétaro nicht ins Kreuzfeuer gerät. Sogar Bianca vernimmt innerhalb von nur wenigen Tagen einen Stimmungsunterschied zwischen den Städten Guadalajara und Querétaro. Sie merkt deutlich, dass Guadalajara einen Charakter versprüht, gemäß: „Sei auf der Hut, sonst bist du dran!"

Ajijic

Mit einem kurzen Zwischenstopp im Pueblo Mágico Tlaquepaque zieht es uns zum größten Binnengewässer in ganz México. In Ajijic, ebenfalls ein Pueblo Mágico, erkennen wir sofort das Aufeinandertreffen verschiedener Nationalitäten. Bereits bei der Ankunft fällt uns auf, wie sehr dieses magische Dorf unter dem US-amerikanischen Einfluss steht. Die Promenade gleicht einem Hollywoodfilm. Ich möchte diese Situation weder als schlecht noch als gut werten. Doch es wundert mich, denn ich hatte solch eine Situation eher an der Grenze zu den USA vermutet. Bei den vielen Ideen, wie dieser Ort so attraktiv für Touristen geworden ist, stellen Bianca und ich fest, es muss an den faszinierenden Abwechslungen zwischen Bergen und diesem endlos erscheinenden Gewässer liegen. Bei der Erkundung bemerken Bianca und ich, dass Ajijic an einigen Ecken deutlich teurer ist. Die Immobilienpreise gleichen meist schon den europäischen Kosten für Eigentum. Doch Ajijic ist nicht nur Lebensort vieler Menschen, sondern fast schon vielmehr ein Urlaubsparadies. Wenn du dich nicht auf Spanisch unterhalten möchtest oder kannst, bietet Ajijic die perfekte Möglichkeit, deine English skills zu verbessern.

Während unserer Zeit am Lago de Chapala machen Bianca und ich einen besonderen Ausflug zur Skorpionsinsel. An der Promenade des Ortes Chapala mieten wir uns ein Boot, das uns direkt zur Fischerinsel bringt. Es ist sehr aufregend, dieses traditionelle Eiland zu erforschen, das doch an vielen Stellen den menschlichen Spuren unterliegt. Auf der einen Inselseite befindet sich der von Restaurants dominierte Abschnitt, und auf der anderen bietet die Skorpionsinsel ein verlassenes Stück Mutter Natur, das dennoch sehr durch Müll und Anspülungen an Glanz verloren hat. Überall auf der Insel finden wir Infotafeln, die uns einen tiefen Einblick in die Geschichte dieses Ortes bieten. Doch uns entgeht dabei nicht, dass die Fischer genau aus dem Gewässer Fisch angeln, in dem sonst kein Mensch baden sollte.

Wie du dich sicherlich erinnerst, sind, wie der Río Grande de Santiago, unzählige Gewässer verunreinigt, und genau das trifft auch auf den Lago de Chapala zu. Wir umgehen die traditionell gleichenden Restaurants und lassen uns zum Abschied auf ein köstliches cerveza – ein Bier ein. Auf der Rückfahrt zum Festland wird uns erst so richtig bewusst, wie aufwändig das Leben auf der Insel sein muss. Die Bewohnenden leben zum Großteil von der Fischerei und von Touristen, deren Insel sie für Restaurantbesuche und kurzweilige Aufenthalte öffnen. Um dieses Leben aufrechtzuerhalten, fahren sie bis zu dreimal die Woche ans Festland, um Besorgungen zu tätigen. Meist sind es Utensilien für den täglichen Gebrauch und für die Bewirtung der Touristen. So einfach und frei wie das Leben dort aussieht, fühlt es sich für mich eher von einer Vielzahl von Dingen abhängig zu sein an. So schön die Einsamkeit auch sein kann, so ein Leben wie auf dieser Insel kann ich mir nicht vorstellen, und deshalb bin ich auch froh, dass es eine Lebenserfahrung ist, die ich machen durfte.

22. Der Höllenritt auf Erden – La Tortura...

An neuen Erfahrungen mangelt es mir auch nicht, wenn ich mit einem meiner mexikanischen Freunde unterwegs bin. Wenn Hugo und ich eine Idee haben, dann dauert es auch nicht lange, bis wir alle Hebel in Gang setzen. Gerade ist es 04:00 Uhr morgens und ich bin dabei, mit dem Uber-Taxi in der nächtlichen Dunkelheit zum Plaza de Armas, der im Stadtzentrum von Guadalajara liegt, zu fahren. Die Idee ist, mit Hugo von hier in Richtung Tequila zu fahren.

Du wirst sicherlich denken, was macht er denn schon wieder in Tequila... Ist er süchtig danach? Es fühlt sich tatsächlich etwas danach an, doch die Stadt Tequila ist nicht unsere direkte Destination, sondern nur eine Zwischenstation. Heute haben wir ein besonderes Ziel, von dem ich bestimmt vollkommen geflasht wieder nach Guadalajara zurückkehre. Voller Vorfreude auf den Tag laufen wir über den zentralen Platz Tequilas und starten unseren Fußmarsch.

Die ersten 8 km vergehen ohne weitere Probleme. Zwar macht uns die langsam aufsteigende, unnachgiebige Sonne zu schaffen, aber zum Glück können wir den Anfang eines großen Waldes schon erkennen. Ich erinnere mich bei dem Anblick an den Zeitpunkt zurück, an dem mich Hugo darauf ansprach, ob ich nicht Lust auf ein neues Abenteuer hätte. Schon zu diesem Zeitpunkt läuteten bei mir die ersten Alarmglocken. Doch wie du liest, befinde ich mich gerade mit ihm auf dem Weg, einen Vulkan zu besteigen. Ja, es ist der Volcán de Tequila, den ich schon so viele Male aus der Ferne gesehen habe.

Kurz vor dem Wald habe ich uneingeschränkten Blick auf die Vulkanspitze. Mir stockt der Atem, denn ich weiß, dass wir gerade schon 10 km gelaufen sind und die Spitze noch so fern liegt. *Wo bin ich nur wieder reingeraten?*

Ich sage dir jetzt schon, es wird eine tortura – eine Folter, bei der ich fast auf der Strecke geblieben wäre. Während meines gesamten Aufenthaltes hier in México hatte ich nie großartige Probleme mit meinem Schuhwerk bekommen. Doch nun schlägt das Pendel zur anderen Seite aus und bereits nach den nächsten Kilometern bergauf neigen meine Fersen dazu, Blasen zu schlagen. Um das Scheuern abzumildern, klebe ich mir mehrere Pflaster als Schutz auf die Haut.

Schon beim Aufkleben bin ich skeptisch, ob das den gewünschten Effekt erzielt. Obendrein erzählt mir Hugo, dass er diesen Weg in seinem Leben bisher nur einmal gelaufen ist. Warum er das nur einmal gemacht hat, lasse ich einfach mal unkommentiert stehen. Mit jedem weiteren Schritt verstehe ich, dass es absolut kein Kinderspiel wird. Hugo schaut mich an und ruft grinsend: „¡Que chido! ¡Estamos rapido! Nos acercamos pero tenemos que subir 15 km más." *Habe ich das gerade richtig verstanden? Nochmal 15 km nur bergaufsteigen und dann diesen Weg wieder runter?* „¿Hugo, es tú serio? ¿Cuantas horas vamos a subir? Hugo lacht mich aus: „No conoces los mexicanos, o? Creo que son 12 h para subir y bajar…"

Daraufhin zeigt er mir anhand der Bergsilhouette den bevorstehenden Weg zur Vulkanspitze. Mit dem Gedanken, jeden einzelnen Schritt, den ich hochlaufe, anschließend wieder runterlaufen zu müssen, stiehlt er mir einen großen Teil meiner Motivation. Ich bin eher ein Typ Mensch, der einen Weg hochgeht und einen anderen wieder runter. Es erscheint mir mental einfacher, denn so weiß ich nicht, was mir noch blüht.

Die gesamte Laufzeit unterrichtet mich Hugo über den aktuellen Kilometerstand und die Uhrzeit. Mit dem Erreichen des Kilometers 13 fängt der Anstieg erst so richtig an. Es ist zwar nicht so steil wie die Barranca, die mich bisher mental an mein Limit brachte, aber die enorme Distanz von über 40 km Auf- und Abstieg und mehr als 30 °C ist nicht weit davon entfernt. Auf einmal fällt mir auf, dass ich bisher noch absolut niemanden hoch- oder runtergehen gesehen habe. Ich meine wirklich niemanden. Keine Frau, kein Mann, nicht mal einen verdammten Leguan sehen wir auf dem gesamten Weg. Das, was wir sehen, sind Massen an Steinen und Bäumen. So viele Bäume, dass ich den Wald nicht mehr erkenne, an dem mir Hugo den gemeinsamen Weg gezeigt hat.

So wie es häufig ist, kommen genau in diesem Augenblick uns einige Passanten mit ihren Hunden entgegen. ¿Quieren subir el volcán? fragen sie uns mit großen Augen. Als wir ihnen sagen, dass wir von dem Ort Tequila gestartet sind und schon 18 km hinter uns haben, höre ich nur die passenden Worte ¡loco, solo loco!

Rate mal, was sie 5 Minuten nach unserer Begegnung gemacht haben... Richtig, ich höre einen Motor anspringen und weiß sofort, dass sie gemütlich in einem klimatisierten Auto den Berg in 20 Minuten hinunterfahren. Tja, das ist meine eigene Schuld, aber auch Hugo wird das Grinsen noch schnell vergehen.

Wenn ich mit Mexikanern unterwegs bin und solch herausfordernde Touren vorhabe, heißt es immer Kopfbedeckung und Unmengen an Flüssigkeiten mitnehmen. So habe ich mir eine Menge frisches Wasser eingepackt, um nicht zu dehydrieren. Kurz vor der Vulkanspitze gesteht mir Hugo, dass er sein Trinkwasservorrat aufgebraucht hat. Bei 35 °C noch über die Hälfte Fußweg vor uns, schockt mich dieser Umstand. Ich gucke Hugo ungläubig an und gebe ihm zu verstehen, dass ich noch etwas habe, aber wir uns das gut einteilen sollten. Er fängt an zu grinsen und geht mit dem Satz „¡Tú no conoces mexicanos, mi amigo!" voraus.

Ich kenne die mexikanische Denkweise nicht? Ich verstehe nicht so wirklich, was er damit meint. Bevor ich mir weiter den Kopf zerbrechen kann, stehen wir vor einem riesigen Metalltor, das nach oben aufklappbar ist. Die Situation wirkt auf mich sehr merkwürdig, aber ich vertraue Hugo und schon klärt er mich auf, ohne nur ein Wort zu sagen. Wir stehen vor einer kleinen Wasserquelle mitten an einem Vulkan. Nun fange auch ich an zu grinsen und verstehe ohne einen weiteren Satz von ihm, was er mir sagen will. Während ich 20 km über 5 l Wasser mit mir herumschleppte, besorgt er sich unterwegs einfach das, was er braucht. Klar funktioniert dies nur, wenn man weiß, dass es solch eine

Quelle gibt, aber ich hätte schließlich auch nachfragen können. Irgendwie ein Sinnbild für unsere Nationalitäten. Wie dem auch sei, es führen viele Wege zur Vulkanspitze, die wir nach weiteren 3 km endlich erreicht haben.

Dabei fordern die letzten Kilometer ihren Tribut. Meine Beine und Füße fangen unnachgiebig zu schmerzen an, sodass ich den herrlichen, unvergesslichen Anblick vom Höhenzug nur wenig genießen kann.

In Erinnerung wird wohl immer der einsame Monolith bleiben, den ich den gesamten Aufenthalt bestaune. Mit einigen Fotos für meine Memoiren im Gepäck, erinnert mich Hugo an den unausweichlichen Rückweg und die Abfahrzeit des letzten Busses. Meine Freude hält sich in Grenzen. Hugo merkt das und ergänzt: ¡La vuelta es más fácil, confía en mí! Ich bin nicht wirklich überzeugt, dass der Weg jetzt wirklich einfacher ist, aber ich lasse mich gerne von seiner Motivation anstecken. Was bleibt mir auch übrig?

Mit der Neigung des Weges voran rennen wir förmlich Tequila entgegen. Immer wieder können wir durch die Baumkronen die nahezu endlose Aussicht erleben und es fühlt sich so beflügelnd an. Doch nach der Hälfte des Rückweges machen sich sämtliche Körperregionen dermaßen bemerkbar, dass ich mit zunehmender Laufzeit in immer kürzeren Zeitabständen Pausen einlegen muss. Von dem Druck verfolgt und vom Stolz angetrieben, erreichen wir das letzte Waldstück vor dem Ort Tequila. Es fühlt sich an wie die Offenbarung zur Hölle. Ich kann mich kaum noch bewegen und muss nach jeden 20 m eine Pause einlegen. Zwischenzeitlich denke ich wirklich, dass ich es heute keineswegs mehr zurückschaffe. Mit den letzten Kräften durch Tequila wandernd, schaut Hugo auf die Uhr und gibt mir zu verstehen: „Wow, wir waren heute echt gut, wir schaffen den letzten Bus nach Guadalajara!" Ehrlich, ich weiß nicht, ob ich vor Freude oder vor Schmerzen heulen soll.

Als ich im Bus sitze und in die dunklen Weiten Jaliscos schaue, übermannt mich ein unheimliches Glücksgefühl. Ich war gerade auf einem Vulkan, bin 45 km nur hoch- und heruntergestiegen, habe knapp 3.000 Höhenmeter hinter mir und ich lebe noch! Ich weiß nicht, ob ich dieses Erlebnis als Magic Point bezeichne, aber es fühlte sich schon zeitweise wie die Hölle auf Erden an.

23. Umgang mit der Negativität

Wie du merkst, habe ich während meiner Zeit in México viel über den Umgang mit Herausforderungen gelernt. Viele Wege und Ideen sind in einer Sackgasse gelandet oder mir wurde bewusst, dass ein anderer Ansatz oder eine veränderte Umsetzung deutlich vielversprechender ist. Im Laufe der diversen Vorbereitungsseminare wurde mir von sogenannten Pechvogelzeiten berichtet und dass diese über einen gewissen Zeitraum immer wieder kommen und gehen. Auch die Intensivität dieser Perioden ist sehr unterschiedlich und hängt von vielen Faktoren ab.

Meiner Empfindung nach stimmt dies absolut, und insbesondere die Intensität der Pechvogelzeiten kann sehr tiefgreifend die Wahrnehmung und die Zeit des Auslandsaufenthaltes beeinflussen. Die ersten Monate hielten aus vielfältigen Gründen auch schlimme Zeiten für mich bereit. Ich möchte hierbei nicht bewerten, was oder wer daran Verantwortung trägt, oder erzählen, aus welchen verkorksten Zusammenhängen diese Situationen entstanden sind. Ich möchte dir eher zeigen,was auch mit exzellenten Vorbereitungen mit hoher Wahrscheinlichkeit passieren kann und wie man daraus positive Energien schürfen kann. Am Ende entscheidet nämlich der Umgang...

Manch einer mag sagen – geil, allein ein Auslandsjahr, ein Abenteuer, da kann ich Land und Leute in einem besonderen Maße kennenlernen. Doch spätestens, nachdem mir dieser komische Typ eine Knarre ins Gesicht hielt, habe ich angefangen, meinen Blick auf die Gesamtsituation zu ändern. Es gibt während des gesamten Freiwilligendienstes Momente, in denen ich mit dem so großartigen „allein" selber die Situation überstehen muss, allein entscheiden muss, in einer völlig fremden Umgebung, und das mit neuen und seltsamen Angewohnheiten. Ich für meinen Teil habe hier zum ersten Mal Ausgrenzungen erfahren… Ausgrenzungen, die mich die ganze Zeit in México begleiteten. Ich meine sprachliche Ausgrenzungen, die mich in eine Einsamkeit und in die Rolle eines Außenseiters manövrierten. Während ich mich oft gefangen fühlte, überlegte ich mir dutzende Male, wie ich aus diesen Situationen entkommen kann. Mein erster Gedanke führte zu mir selbst. *Mache ich irgendetwas Seltsames? Bin ich einfach anders?*

Anhand dieser und anderer Fragen versuchte ich mein Verhalten zu hinterfragen, anders zu reagieren, anders auf Leute zu zugehen, mit denen ich diese Probleme hatte. Doch selbst auf diese Situation angesprochen, merkte ich keine signifikante Verbesserung, die längerfristig anhielt. Meine Gedankengänge führten mich zu der Einstellung, wenn trotz meiner Bemühungen keine Verbesserung erkennbar ist, dann muss nach dem Ausschlussprinzip einfach mein Gegenüber Schuld haben. Mit dieser Einstellung konnte ich erstmal leben, doch dieser negative Beigeschmack ließ mich mit fortschreitender Zeit nicht in Ruhe, denn es muss einen anderen Grund geben. *Warum ist das so?*

Es zermürbte mich Wochen, wenn nicht sogar Monate, denn ich erreichte nie die Zufriedenheit, die mir Ruhe brachte. Was bringt mir der Gedanke, dass andere Personen Schuld sind, außer die Erleichterung, dass ich nicht dafür verantwortlich bin? Ich kann zwar anderen Personen eine Schuld zuweisen, doch wird es mir zukünftig helfen, wenn ich erneut auf solch eine Konstellation treffe?

Nein, ich musste mir eingestehen, dass dieser Umgang mir persönlich nicht weiterhalf und mein Problem nur verdrängte. Während ich erneut in ein Loch fiel und in meinem Memoirenbuch Gedanken losließ, kam mir die Frage in den Kopf: *Warum funktioniert es bei meinen anderen mexikanischen Beziehungen unheimlich gut und warum läuft es bei diesen anders?*

Bei meinen ganzen Bemühungen für ein erträglicheres Miteinander fiel mir auf, dass ich die Situation für mich erzwingen wollte. Dieses Vorgehen dramatisierte diese Situation für mich so erheblich, dass Schlaflosigkeit, Appetitlosigkeit und ständige Müdigkeit meine Begleiter wurden. Die Situation verschärfte sich zunehmend und machte mir in gewisser Art und Weise Angst. Ich habe mit verschiedenen Personen gesprochen, die sich in solch einer Lage befanden, und ich entdeckte einen Weg für mich. Ich setzte mir eine lösungsorientierte Brille auf. Ich wollte die Situation für mich positiv nutzen. Auch in Deutschland gibt es nicht gut gesonnene Gegenüber und das gibt es auch in anderen Ländern. Doch durch die Reflexion und den Blick aus verschiedenen Richtungen bestätigte sich meine „Notlösung", dass es nicht an mir liegt. Ich habe versucht, eine Verbindung aufzubauen, den Kontakt herzustellen, doch dies ist unwegsam, wenn es nur einseitige Bemühungen gibt. Letztendlich sehe ich das als verpasste Chance meines Gegenübers, denn während ich andere liebvolle Mexikaner mit all ihren Marotten kennenlernen durfte, verblieben die Ausgrenzungen lediglich für sich und die Personen haben verpasst, über ihren Tellerrand zu schauen.

Es klingt einfach, doch davon überzeugt zu sein, dass ich nicht alles ändern kann, ist ein langer Weg, auf dem viele Löcher und Sturzgefahren warten. Es war alles andere als großartig, aber nun bin ich der Meinung: Wie will jemand darüber sprechen, der das noch nie erfahren und fühlen durfte? Wie wollen sich Leute in Betroffene hineinversetzen, die dieses Gefühl nicht kennenlernen durften oder sich nicht damit auseinandergesetzt haben?

Und so gibt es immer wieder neue Erfahrungen, negative Erfahrungen, die zum Teil nur durch diese Umstände entstehen konnten. Ich habe gelernt, diese vermeintlich negativen Seiten in positive Seiten umzukehren und dadurch meine angestrebte Lockerheit und Gelassenheit verstärkt ins Visier zu nehmen. Wenn ich nun auf andere Personen blicke, die wegen Kleinigkeiten ihre Unzufriedenheit herauslassen, empfinde ich Stolz. Stolz auf mich selbst, da ich in einer Vielzahl von womöglich nervenaufreibenden Situationen mich herausziehen kann und mich darauf konzentriere, was in dieser Situation weiterführend ist. Ich denke, genau dieser Prozess ist einer meiner wichtigsten Errungenschaften meines Freiwilligendienstes. Und um diese Lockerheit, diesen

Magic Point zu festigen, stürze ich mich nach diesen Phasen in meine drei neuen Abenteuer.

24. Mega-City ich komme...!

Schon während meiner Schulzeit war ich fasziniert von großen Städten wie Tokio, Rio de Janeiro, Neu-Delhi und Mexico-City. Ich frage mich jetzt noch immer: *Wie funktioniert das Leben dort? Wie konnten diese Städte zu solch enormer Größe anwachsen, und gibt es große Unterschiede zu unseren Metropolen?*

Ich stehe kurz vor meinem 28. Geburtstag und befinde mich gerade über der Weltmetropole Ciudad de México. Du liest richtig, ich bin im Landeanflug auf Mexikos Hauptstadt. Da ich nun schon einige Zeit in México lebe, weiß ich, dass es ratsam ist, nicht unbedingt in der Nacht allein Überland zu reisen. Aus diesem Grund habe ich ein günstiges Flugticket abgepasst. Dieser kurze Trip ist Teil eines besonderen Geburtstagsgeschenkes an mich selbst, bei dem ich mir im Zentrum der Stadt ein Zimmer gebucht habe, um diese Stadt etwas näher kennenzulernen.

Ich freue mich so unheimlich auf diese Erfahrung und diese Herausforderung. Eine neue Stadt, die nochmal wesentlich größer ist als Guadalajara. Nun sehe ich aus dem Fenster und erkenne die Ausmaße dieses städtischen Ungetüms bei Tage. Wenn das eine Stadt ist, dann ist Berlin ein Dorf, und Schönfließ ein Stein in diesem Dorf.

Im Ernst, die Grenzen des suburbanen Raumes sind aus dem Flugzeug, wenn überhaupt, nur zu erahnen. Das Einzige, was in der Ferne für mich eindeutig sichtbar ist, ist ein ziemlich großer

Berg, aus dem Rauchschwaden emporsteigen. Wahrscheinlich wieder Leute, die illegal ihre Felder abbrennen.

Nach erfolgreicher Landung wird das Flugzeug zu unserem Gate geleitet. Dabei erinnere ich mich an die Worte von Edgar. *Bist du dir sicher, dass du allein nach México-City willst? Dort gibt es viel mehr Gewalt und Raubüberfälle als hier in Guadalajara...*

Irgendwie haben sie wohl Recht. Die Wahrscheinlichkeit, innerhalb von Mexico-City, einer Stadt mit über 20 Mio. Einwohnenden, in solch eine Situation zu geraten, ist höher. Statistisch ist es aber auch wahrscheinlicher, wenn ich in einem Jahr 1.000 km mehr mit dem Fahrrad fahre, einen Unfall damit zu haben. Nun bin ich hier und es wäre nicht hilfreich, sich über das Wenn und Aber Gedanken zu machen.

Auf dem Weg zu meiner Unterkunft erlebe ich die Stadt zum ersten Mal am eigenen Leib. Auch wenn sich meist nur in der Physik Gegensätze anziehen, behaupte ich, diese Stadt ist wie ein Sinnbild dafür. Dabei fällt es mir noch schwerer als in Guadalajara, Situationen einschätzen zu können. Umso glücklicher bin ich, dass Raúl mit seinen zwei Möpsen einen super Eindruck auf mich macht. Mit Möpsen sind natürlich seine beiden Hunde gemeint. Wobei ich besonders bei der Hündin Macarena eher an den Song und den Tanz denken muss. Begrüßen tun mich dennoch alle drei unheimlich herzlich in meiner vorübergehenden Unterkunft.

Bei all dem Kennenlernen vergesse ich fast die Zeit. Ich habe mich bereits im Vorfeld darüber informiert, was ich unbedingt in der fremden Stadt erkunden möchte. Als großer Motorsportfan ist mir sofort ein Abstecher zur Formel 1 Rennstrecke Autódromo Hermanos Rodríguez inmitten dieser Megastadt in den Sinn gekommen.

Da ich noch keine Chipkarte für die öffentlichen Verkehrsmittel habe, bestelle ich wie so oft ein Uber-Taxi. Während der Fahrt zur Rennstrecke habe ich Zeit, um mit dem Uber-Fahrer ins Gespräch zu kommen. Von dem mir erzählten höllischen Verkehrschaos bekomme ich Gott sei Dank nicht viel mit. Doch so günstig die Verkehrssituation erscheint, erfahre ich nach der Hälfte der halbstündigen Fahrt quer durch die Stadt, dass heute das Gelände der Rennstrecke für Besuchende komplett geschlossen sei.

Ausgerechnet heute, das fängt ja toll an, denke ich mir. Kurze Zeit später murmele ich mir in meinen Bart: „Ich bin den ersten Tag hier und fahre für Nichts zum Sportzentrum". In mir macht sich ein Moment der Enttäuschung breit. Doch wenn ich mittlerweile in México etwas gelernt habe, ist es nicht den Kopf in den Sand zu stecken. Und so lasse ich mich erneut auf das Abenteuer ein und schaue, was passiert.

Kurz nach dem Aussteigen sehe ich das bekannte Baseball-Stadion und zwei Übergänge für Fußgänger, die über eine sechsspurige Straße führen. Einer dieser Übergänge beginnt auf der anderen Straßenseite und der andere führt scheinbar direkt vom Palacio de los deportes – vom Sportpalast in die Baseball-Tribüne der

Rennstrecke. Um nicht lange hin und her zu irren, frage ich das dortige Sicherheitspersonal, das mir sofort verständlich macht, dass der Übergang heute gesperrt ist.

Aufgeben? Nix da… Ich laufe weiter entlang des abgesperrten Rennstreckengeländes und komme zu einer daran anschließenden Sportanlage. Ich frage die dortige Wachmeisterin, ob es einen anderen, geöffneten Eingang gäbe. Etwas überrascht von dieser Frage, die anscheinend hier nicht so oft vorkommt, überlegt sie einen Moment. Ihr fällt ein, dass vielleicht die Puerta 6 heute geöffnet hat… Um ehrlich zu sein, klang das nicht sehr optimistisch, aber was habe ich zu verlieren? Ich bin doch schon in der Nähe.

Ich lokalisiere über Google Maps das Tor 6, das sich oh Wunder genau auf der anderen Seite der Unidad Deportiva Magdalena Mixhuca – der Sportvereinigung befindet. Also heißt es erstmal, einen strammen Fußmarsch zurücklegen. An der Entrada 6 angekommen, werde ich komplett überrascht und bin etwas fassungslos. Vor diesem Tor stehen Menschenmassen, die darauf warten, auf das Sportgelände zu kommen. Sie tragen diverse Kostüme, singen laut und verbreiten gute Stimmung. Insgeheim frage ich mich: *Wie konnte das Sicherheitspersonal davon nicht gewusst haben? Hier steht eine unzählige Anzahl von Menschen…*

Ich gerate nicht gerade freiwillig inmitten dieser riesigen Veranstaltung, durch die ich mich dann glücklicherweise auf das Rennstreckengelände schleuse. Unterdessen ich die Strecke ablaufe und innerlich Glücksgefühle aufsteigen, doch dieses Ziel erreicht zu haben, fragt mich ein Mann: ¿Qué buscando? Nachdem ich ihn über meinen Versuch aufgeklärt habe, zeigt er mir einen Übergang in das sogenannte Infield der Strecke. Ich weiß zunächst nicht, ob er einen Hintergedanken hat oder wirklich so zuvorkommend ist. Sei es drum, für mich ist es ein unglaublicher Moment, in diesem Gang über der Rennstrecke, wo die Formel 1 Rennwagen jenseits der 300 km/h entlang rauschen, zu stehen und auf die riesigen Tribünen mit den Boxengassen zu schauen, die ich bisher nur aus dem Fernsehen kenne. Genau hier bemerke ich wieder, dass ich mich nicht von anderen Behauptungen unterkriegen lassen soll. Ohne meine Motivation, Neugierde und Ausdauer hätte ich diesen Moment nicht erleben können!

Mit voller Euphorie mache ich mich auf zu meiner nächsten Station. An der Zugstation kaufe ich mir eine wiederaufladbare Fahrkarte und fahre mit der Bahn direkt vom autódromo zum cablebús. Hintergrund ist, dass meine Mum sich eine Dokumentation über Mexiko-City angesehen und mir so beeindruckend von der Seilbahn über den Dächern der Stadt erzählt hat. Daher ist es für mich wichtig, dass ich diesen cablebús unbedingt in der Realität sehe.

Und so sitze ich nun hier in einer Gondel, wie in einem Skilift, und überblicke einen Großteil dieser endlos erscheinenden Stadt. Es ist ein absoluter Geheimtipp, denn eine günstigere Attraktion mit diesem Ausblick wirst du nicht finden! Mit Hin- und Rückfahrt habe ich 14 Pesos, umgerechnet 75 Cent, bezahlt. Neben dem fantastischen Ausblick nehme ich in den Gondeln eine nicht erwartete Ruhe und das Pfeifen des Fahrtwindes wahr. Es ist wohl die entspannteste und zugleich aufregendste Art, die Stadt kennenzulernen. Bemerkenswert ist die Kreativität, mit der die Leute ihre Dächer dekorieren. Neben Lucha Libre, der mexikanischen Form des Wrestlings, handeln viele Gemälde über die Historie der indigenen Völker Mexikos. Ich fühle mich nicht mehr wie in einem Skilift, sondern es gleicht eher einem fahrenden Museum. Dazu sind die Sicherheitsstandards gegenüber einer Fahrt in einem camión extrem hoch. An jedem Ein- und Ausgang steht Personal, das die Abläufe und die Fahrgäste kontrolliert. Also wenn du einmal hier bist, nimm unbedingt diese Chance wahr. Schon während des ersten Tages bin ich verblüfft, wie unproblematisch ich die auf meiner Agenda stehenden Tagesprogramme verwirklichen kann.

Auch in den kommenden Tagen verlaufen die Tagesabläufe recht unkompliziert. Ich besuche verschiedene Sehenswürdigkeiten. Eines meiner weiteren Highlights hier ist eine Reise nach Teotihuacán. Weil ich in den letzten Tagen immer mehr verstanden habe, wie diese Stadt funktioniert, fahre ich nicht mit einem überteuerten Reiseveranstalter zu dieser archäologischen Ausgrabungsstätte, sondern fahre mit den günstigeren öffentlichen Verkehrsmitteln zur Central del Norte, um von dort die direkte Busverbindung zu nehmen. Auf der Fahrt nach Teotihuacán gibt es jedoch Momente, bei denen ich mich nicht immer sicher gefühlt habe. Im Unterschied zu den Busfahrten von Guadalajara nach Santiago de Querétaro hält der Bus an vielen unbewachten Stationen an, von denen eine unsichere Atmosphäre ausgeht.

Schließlich funktioniert alles ohne Vorkommnisse, doch ich weiß, es hätte anders laufen können.

All diese Gedanken verschwinden, als ich von der Bushaltestelle direkt zu den prägenden Elementen dieses archäologischen Bereichs laufe. Schon aus der Ferne erkenne ich die überwältigenden Pyramiden. Doch zu meiner Ernüchterung erfahre ich von einem Guide, dass sämtliche Plattformen auf den Pyramiden noch aus pandemischen Gründen gesperrt sind. Also mache ich mich auf und erkunde die archäologische Anlage auf eigene Faust. Sie ist wirklich nicht zu vergleichen mit der Zona Arqueológica Teuchitlán und dem mir so sehr in Erinnerung gebliebenen Opferaltar. Die vor mir liegende Forschungsstätte überstreckt sich über mehrere Kilometer. Hauptelemente sind die Sonnen- und Mondpyramide von denen man Wandmalereien, botanische Gärten und Museen besichtigen kann. Unheimlich beeindruckend sind für mich die vielen fliegenden Händler und Händlerinnen, die in erster Linie Souvenirs verkaufen, aber auch offen für Gespräche sind und viel über ihre Produkte wissen. Wenn du ein bisschen Zeit hast, plane unbedingt einen Tag für diese Pyramiden ein. Allein das Entlanglaufen der Calle de los muertos ist beeindruckend. Mit einiger Phantasie gelingt die Vorstellung, wie es dort früher ausgesehen haben könnte. Und ich verspreche, dieser Gedanke wird sich als Erinnerung fest einbrennen.

Bevor ich dich mit einer bloßen Aufzählung der Dinge, die ich noch mache, langweile, möchte ich dir lieber noch von einer Besonderheit der Hauptstadt berichten. Um sie zu erleben, muss ich nicht mal aus meinem Zimmer herausgehen, sondern diese Erfahrung kommt unerwartet, wann sie möchte und das auch direkt in mein Zimmer. Ich meine keine Kakerlaken oder Spinnentiere, sondern etwas viel Gewaltigeres, das auch deine Beine zum Schlackern bringen wird. Hast du schon eine Idee?

Ich werde dir auf die Sprünge helfen. Mexiko-City ist eine Stadt, die sich jedes Jahr verändert. Ein Großteil der Stadt sinkt jedes Jahr um mehrere Dezimeter ab. Überall in der Stadt kann ich Risse in den Mauerwerken feststellen. Das Desaster nahm seinen Lauf mit dem Wachstum der Stadt, nachdem die Spanier diese Regionen eroberten. Mit der unkontrollierten städtischen Expansion stieg kontinuierlich der Konsum des Trinkwassers, welcher zum Großteil aus dem Untergrund der Megacity gefördert wird. Und leider wird sich dieser Zustand in den kommenden Jahren nicht verbessern. Der anthropogene Klimawandel führt durch extreme Hitzeperioden zu einer Zuspitzung der Lage, sodass heute schon viele Gebäude bereits durch die trinkwasserförderungsbedingten Absenkungen Einsturz gefährdet sind. Als wenn das noch nicht reicht, erleben die Einwohner und Einwohnerinnen mehrmals im Jahr die Kraft von Mutter Natur, so wie auch ich in der letzten Nacht.[8]

An meiner Zimmertür macht es plötzlich BamBamBam… Ich höre jemanden meinen Namen rufen. Und wieder BamBamBam

---

[8] Hrsg.: Travelbook (2022): Warum sich die Metropole Mexiko City dramatisch absenkt, abgerufen unter https://www.travelbook.de/ziele/staedte/metropole-mexiko-city-senkt-sich-ab, abgerufen am: 10.05.2024

schlägt Raúl gegen die Tür und ruft: „¡Patrick!" Ich merke sofort, dass etwas ganz und gar nicht stimmt. Raúl macht die Tür auf und fragt mich sofort: „¿Cómo estas?" Ich denke mir: *Was soll schon los sein? Ich habe, bis du mich gerade geweckt hast, geschlafen.*

Ohne lange zu fackeln, erklärt er mir, dass gerade ein Erdbeben stattgefunden hat und sämtliche Häuser geschwankt haben. Während er sich bei den Nachbarn erkundigt, schaue ich von Raúls riesigem Balkon auf die Straße und sehe einige Leute vor dem Haus, die sich lautstark unterhalten. Gerade als ich überlege, ob es so clever ist, hier oben zu warten, öffnet sich die Wohnungstür und Raúl kommt rein. Jetzt, da etwas Ruhe eingekehrt ist, kommen wir ins Gespräch. Dabei erfahre ich, dass Ciudad de México aufgrund des weichen Untergrundes mehrmals im Jahr von Erdbeben betroffen ist, obwohl die Epizentren oft sehr weit entfernt liegen. Ich habe zwar bis zu diesem Zeitpunkt gewusst, dass México stark von seismologischen Aktivitäten betroffen ist, aber die Reaktionen der Leute am Leibe zu spüren und zu sehen, löst in mir einen kurzen Moment von Unwohlsein aus. Das war ein kleines Beben. Wie sieht es erst aus, wenn ein terremoto mit 7,5 auf der Richterskala die Stadt in der Nacht überrascht? Trotz dessen muss ich mit Raúl über die Situation lachen, denn ich habe wohl mein erstes richtiges Erdbeben verschlafen…!

Am nächsten Morgen wache ich auf, und es fühlt sich an, als ob nichts gewesen wäre. Doch für mich steht heute der Rückflug an. Da mein Flug schon früh nach Guadalajara startet, habe ich die Möglichkeit, die Stadt nochmal ganz anders wahrzunehmen. Um

6:30 Uhr ist die Polizeipräsenz doch sehr rar und ich bemerke eine andere Stimmung, die eine gewisse Anspannung in mir auslöst. Doch ich habe mich während meiner Zeit in México daran gewöhnt und weiß, mit dieser Anspannung umzugehen. Trotz dieser aufregenden, unvergesslichen Tage freue ich mich auf den Rückflug zu meinem mexikanischen Zuhause und verlasse mit dem rauchenden Berg im Rücken die für mich bisher erstaunlichste Hauptstadt der Welt.

Als ich zwei Wochen später mit Abraham über meine spannende Zeit in der Hauptstadt spreche, muss er über eine Situation besonders lachen. Bei dem rauchenden Berg waren nicht Farmer, die ihre Felder abbrannten, für die emporsteigenden Rauchschwaden verantwortlich, sondern es handelte sich um den Vulkan Popocatépetl. Er ist einer der aktivsten Vulkane Mexikos, der kurz nach meinem Hauptstadtbesuch durch seinen Ascheauswurf für ein nationales Flugverkehrschaos sorgte. Das nenne ich mal Schwein gehabt...

25. Ein kleiner Sprung...

Vom Auftrieb des Glücks beflügelt, starte ich einige Wochen nach dem Besuch der Hauptstadt in ein waghalsiges Unterfangen und damit in den zweiten Teil meines eigenen Geburtstagsgeschenkes. Von Anfang an habe ich mir gesagt, dass ich in México etwas Verrücktes machen möchte, das an mein Limit geht. Die Barranca und die Tour zur Vulkanspitze haben hierzu schon einen wesentlichen Beitrag geleistet. Doch für mich steht fest, dass es noch ein ganz spezielles Erlebnis geben wird. Als meine Mum vor zwei Tagen davon erfahren hat, vernahm ich nur ihre Worte: „Bitte sag mir erst Bescheid, wenn du es hinter dir hast und nicht, wann es stattfindet!"

Ich berücksichtige den Wunsch meiner Eltern, die mich von meinem Vorhaben nicht abbringen können. Auch mit Bianca spreche ich alle mir wichtigen Inhalte und Dinge ab. Ich weiß, dass sie nicht glücklich über meine Entscheidung ist und sich lieber einen Tag im Streichelzoo vorgestellt hätte, aber so ist es nun mal. Ich würde es bereuen und mir vorwerfen, wenn ich es nicht ausprobiere. Und da dieser Lebensabschnitt schon verrückt verläuft, passt das doch supergut dazu.

Ich hoffe, ich habe dich so richtig neugierig gemacht und du dich fragst: *Was hat dieser Typ denn jetzt wieder vor? Was soll schon für so viel Aufregung und Neugierde sorgen?*

Aufregung ist ein gutes Schlagwort, denn ich habe mir in den Kopf gesetzt, den Lago de Chapala aus luftiger Höhe anzusehen und dabei in einem freien Fall in Richtung Erde zu stürzen. Ja, du liest richtig, ich habe heute vor, einen Fallschirmsprung in die Realität umzusetzen.

Um nicht alles dem Glück zu überlassen, habe ich mich viele Tage darüber informiert und bespreche mit Jonathan im Vorfeld die Organisation, da der Veranstaltungsort knapp zwei Autostunden von Guadalajara entfernt liegt. Doch bei all den Vorbereitungen entwickelt sich dieses zweite Geburtstagsgeschenk an mich selbst anders als gedacht. Kurz bevor es zum Flugplatz Aeródromo El Loreto losgeht, rebelliert mein Magen. Ich sitze nur auf dem Thron und mein Magen möchte mich nicht gehen lassen. Es ist so schlimm, dass ich kurz davor bin, den Fallschirmsprung abzubrechen. Auf der anderen Seite will ich es einfach durchziehen, denn die Vorbereitungen haben sehr viel Energie, Zeit und Ausdauer benötigt.

So entschließe ich mich trotz dieser Umstände, mich der extremen Herausforderung zu stellen. Mit einverleibten Kohle-Combretten, Elektrolyt-Lösungen und leichte Kost fahre ich mit Jonathan in Richtung Lago de Chapala. Die Fahrt vergeht im Flug, sodass ich schneller vor dem kleinen Sportflugzeug stehe, als mir lieb ist.

Beim Anlegen des Fallschirmsprunggurtes realisiere ich: *Ok, ich werde gleich aus knapp 3.800 m aus genau diesem Flugzeug springen, kurz im freien Fall die Erde auf mich zurasen sehen und dabei hoffentlich mein Frühstück in mir behalten.*

Vor dem Sprung ins Ungewisse bekomme ich eine umfassende Einweisung, leiste Unterschriften für Haftungsausschlüsse, gebe Notfallkontakte und Einiges mehr an. Hoffentlich haben die mir jetzt keine zehn Waschmaschinen und einen Rucksack voll Papayas für den Sprung angedreht. Jonathan ist so lieb und liest die Unterlagen nochmal durch und gibt mir sein Go.

Während dieses ganzen Prozedere wird mir erst bewusst: *Auf was für eine Sch**** habe ich mich wieder eingelassen? Vielleicht bin ich so nah am Ende meines Lebens wie noch nie zuvor...!"* Trotz dessen, dass wir den Sprungverlauf viermal durchgegangen sind, kann ich mir nur merken, dass ich während des freien Falls alles parallel machen muss. Das heißt, strecke ich den einen Arm nach vorne, soll das auch mit dem anderen passieren, um die Flugbalance aufrechtzuerhalten.

Nun wird es ernst. Beim Gang zum Flugzeug erklärt mir Gustavo, mein Tandemsprungpartner, wie wir in dem Flugzeug sitzen werden und dass wir nach dem anderen Tandem springen werden. Das heißt, ich werde vorhersehen, wie andere den Sprung machen, der mich selbst unwesentlich später erwartet. Ich weiß nicht, ob ich lieber als erster Tandem gesprungen wäre, aber ich kann nun mal nicht alles beeinflussen, Hauptsache wir stehen wieder mit beiden Beinen gesund auf dem Boden. Doch davon bin ich gerade kilometerweise entfernt.

In der Propellermaschine sind durch die offene Absprungseite die Windgeräusche ohrenbetäubend, sodass ich nur durch Anschreien erahnen kann, was mir Gustavo versucht zu erklären. Es fühlt sich wie in einem Film an, in dem ich kurz vor dem Absprung weder richtig Angst noch Nervenflattern verspüre. Entweder bin ich durch meine Erlebnisse zuvor abgehärtet oder ich fühle mich in dieser Situation einfach wohl und habe Vertrauen. Erst als ich auf dem Gestänge der Fahrwerkhalterung aus luftiger Höhe direkt nach unten schaue, überkommt mich kurzzeitig das Gefühl: *Jetzt geht es los und es gibt keinen Weg außer den, der direkt unter mir liegt.*

Nach Wochen der Vorfreude zählt Gustavo nun einen kurzen Countdown. Dann stößt er sich leicht vom Flugzeug ab und wir befinden uns im freien Fall. Nach einem kurzen Gefühl wie bei einer Achterbahnabfahrt fühlt sich der Flug einfach großartig an. Nach etwa 50 Sekunden zeigt mir Gustavo kurz den Höhenmesser und deutet die Öffnung unseres Schirmes an.

Ein Ruck bremst uns schlagartig aus unserem Fall ab und wir beginnen durch die Wolken zu gleiten. Gustavo nutzt das herrliche Wetter für so einige Flugmanöver, macht Pirouetten und lehrt meinem Magen, wie schnell er sich umdrehen kann. Besonders die abrupten Rechts- und Linksdrehungen lassen meinem nicht vollkommen intakten Körper unbekannte Kräfte spüren. Ich bin froh, dass Gustavo damit nicht schon früher angefangen hat.

Ich habe es mir insgesamt dennoch anders vorgestellt, viel spektakulärer, als wenn man danach Bäume ausreißen könnte. Aber das ist bei mir keineswegs so. Es macht unglaublichen Spaß und sorgt für einen Adrenalinschub, doch aufregend ist für mich nur der Moment, als wir zusammengedrängt in luftiger Höhe an der Außenseite des Flugzeugs auf einer kleinen Eisenstange standen.

Ich bin dennoch stolz auf mich, wieder etwas realisiert zu haben, was ich mir fest vorgenommen hatte. Nun kann ich von mir selbst behaupten, dass ich hier im wilden México Fallschirmspringen war und das gemacht habe, wovor so viele Leute Angst haben.

Nach dem Sprung habe ich mir eine empirische Erhebung über die tödlichen Fallschirmsprünge in Deutschland angeschaut. Aus Statistiken des Deutschen Fallschirmsportverbands (DFV) geht hervor, dass es im Jahr 2022 drei tödliche Unfälle bei 238.998 registrierten Sprüngen gab.[9] Das entspricht einer Wahrscheinlichkeit eines tödlichen Sprunges von nur 0,00001 %. Nur ich gebe den Leuten recht, wenn ich diese 0,00001 % bin, hilft mir die Statistik auch nicht weiter.

Doch für mich ist es viel wichtiger ein *MUCHISIMAS GRACIAS* an Jonathan zu richten! Ohne dich wäre eine Realisierung dieses Erlebnisses nie möglich gewesen!

---

[9] Hrsg. Deutscher Fallschirmsport Verband (DFV) (2023): DFV-Symposium 2023, abgerufen unter: DFV-Symposium_2023_-_Zahlen-Statistik-Unfall-Situation_-_Schreibgeschützt- Kompatibilitätsmodus.pdf, abgerufen am: 10.05.2024

26. Schreiende Katzen und das Terrassenkrokodil „Koki"

Mit dem Juli läute ich die letzten Monate meines aufregenden Abenteuers in México ein. Doch das tut den vielen Abenteuern, auf die ich mich immer wieder einlasse, keinen Abbruch. Mit meinen letzten Urlaubstagen habe ich beschlossen, erneut zusammen mit Bianca eine Reise anzutreten, die wir so nicht erwartet hätten. Am besten nimmst du dir für die kommenden Zeilen ein Bier oder einen Wein, denn das, was uns passiert, bringt uns an die Belastungsgrenze.

Mit unseren gemeinsamen Tagen wollen wir Yucatán kennenlernen. Da diese Halbinsel so viel zu bieten hat, haben wir uns auf bestimmte Haltepunkte geeinigt, an denen wir einige Tage verweilen wollen. Neben den Orten müssen wir unser Zeitmanagement besonders im Auge behalten, da die Rundreise am Flughafen der Hauptstadt des Bundesstaates Yucatán beginnt und endet.

Die Tour beginnt in Mérida. Über Chichén Itzá geht es nach Valladolid, um anschließend von Chiquilá zur Insel Holbox zu gelangen. Von Holbox erreichen wir die populäre Stadt Cancún und die Isla Mujeres. Bevor wir nach Mérida zurückreisen, planen wir einen Aufenthalt in Tulum ein.

Die letzten Vorbereitungen laufen und unsere gemeinsame Zeit soll binnen einiger Stunden starten. Doch Bianca ist noch längst nicht in México eingetroffen. Über ihrem Kopf braut sich gerade ein Unwetter zusammen, das seines Gleichen sucht. Houston wird innerhalb weniger Minuten lahmgelegt, sodass sich Biancas Zwischenstopp von eineinhalb Stunden um mehrere Stunden verzögert. Weder Flugzeuge heben ab, noch ist es dem Flugzeugpersonal möglich, pünktlich den Flughafen zu erreichen. Es herrscht nahezu ein Ausnahmezustand, bei dem ich schon denke: *Na hoffentlich beruhigt sich die Lage rechtzeitig.*

Mit einigen Stunden Verspätung geht die erste Dramatik des Urlaubs noch glimpflich aus. Diese Verspätung hat zwar zur Folge, dass Bianca erst mitten in der Nacht ankommt, aber wir sind wieder just in time. Ein Hoch auf Jonathan, der trotz seines baldigen Aufstehens um 05:30 Uhr die gesamte Zeit mit mir am Flughafen ausgeharrt hat. Es rührt mich sehr, dass ich mich in einem anderen Land so auf Freunde verlassen kann!

Nach einer kurzen Nacht geht es nachmittags erneut zum Airport von Guadalajara, um zur 1.844 km entfernten Hauptstadt Yucatáns zu fliegen. Die Vorfreude steigt jede Minute unheimlich an!

Bianca und ich buchten unsere Flüge aus Kostengründen ohne Sitzplatzreservierung. Dementsprechend sitzen wir bei unserem ersten gemeinsamen Flug an entgegengesetzten Enden des Flugzeugs. Doch kurz vor dem Start tippt sie mich an die Schulter. Zufälligerweise ist neben ihr ein Platz frei, und so kann ich noch rechtzeitig auf dem Weg zur Rollbahn den Sitzplatz wechseln. Ich sage dir, es ist schon ein cooles Gefühl, als Einziger im Gang des

Flugzeugs kurz vor dem Start zu stehen, während mich alle Insassen ungläubig anschauen.

Mit all dem Glück, dass der Platz nicht besetzt war, verlässt uns fortan dieser Segen. Bereits beim Abheben von der Startbahn merke ich, dass dieser Flug alles andere als angenehm wird. Eine Turbulenz jagt die Nächste, sodass es uns ganz schön durchschaukelt. Tatsächlich bekomme auch ich leichten Angstschweiß an meinen Händen. Anscheinend haben mich die Erlebnisse doch noch nicht genügend abgehärtet...

Mérida

Wieder glücklich, festen Boden unter den Füßen zu haben, suchen wir uns vor dem Flughafenterminal eine Mitfahrgelegenheit, die uns zu unserer Unterkunft bringt. Tja, meine Uber-App, auf die ich mich bisher immer verlassen konnte, zeigt mir nun den dicken Daumen. Dabei kommt mir der Gedanke: *Vielleicht ist es einfach wie in Tulum, wo die Taxi-Mafia eine Monopolstellung zu pflegen weiß.* Auch hier drängen sich die Taxiunternehmen förmlich auf. Weil wir uns vorher nicht erkundigt haben, fällt es uns schwer, den Fahrpreis von 315 MXN einschätzen zu können. Letztendlich ist es ein hoher Preis für die paar Kilometer!

Während der Fahrt zur Wohnung ärgere ich mich doch schon sehr und schwöre mir selbst, dass ich das nächste Mal den Preis verhandeln werde! Doch die Taxifahrt nutzen wir, um einen Einblick ins Stadtgeschehen zu gewinnen. Da ich davon ausgehe, dass besonders die taxistas – die Taxifahrer die städtischen

Gegebenheiten kennen und ich unseren Chauffeur als vertrauenswürdig einschätze, erfahren wir, dass es nur am Stadtrand unsicherere Viertel gibt.

Bei der ganzen Konversation fällt mir auf, dass ich unseren Taxifahrer nicht passend bezahlen kann. In der Hoffnung, dass er Wechselgeld bei sich trägt, halte ich dem taxista am Ende der Fahrt einen 500 MXN-Schein hin. Ich merke, wie seine Augen größer werden. Von seiner scheinbaren grenzlosen Euphorie geleitet, meint er strahlend: „No tengo cambio." Ich habe es schon bei der Fahrt geahnt. Trotzdem denke ich mir: *Sein Ernst? Auch wenn er sich so vor Überfällen schützt, aber dass er gar kein Wechselgeld hat, verwundert mich sehr... Und nun? Will er 185 MXN also mehr als 40 % Trinkgeld? Nix da!*

Da wir direkt vor der Wohnung stehen und eine Übergabe der Unterkunft durch die Gastgeberin erfolgt, kommt mir die Idee, einfach bei ihr nachzufragen. Unsere Gastgeberin erkennt sofort die Lage und ohne viel nachzufragen, läuft sie zu einem Nachbarhaus und bringt uns das passende Geld. Die gute Dame hat sogar an 15 MXN in Münzen gedacht, aber die habe ich noch selbst. Nachdem der nicht mehr so begeisterte Taxifahrer von dannen zieht und wir unsere Wohnung in Empfang genommen haben, bin ich komplett erleichtert und sage zu Bianca: „First challenge completed! Der Urlaub kann beginnen!"

Am nächsten Morgen merken wir erst, wie klasse die Wohnung ist! Während mir sofort nach dem Öffnen der Haustür 37 °C ins Gesicht klatschen, belassen wir durch die Klimaanlage die

Unterkunft bei angenehmen 23 °C. Herrlich! Fehlt eigentlich nur noch das kühle Bier. Auch dafür ist gesorgt. Zwar ist es nicht kühl oder genießbar, aber direkt auf der gegenüberliegenden Hauswand ist ein überdimensionales Corona-Bier abgebildet.

Um uns einen ersten richtigen Eindruck von der Stadt zu verschaffen, entscheiden wir uns für einen Spaziergang. Auf dem Weg zur Innenstadt flimmern die Fahrbahnen durch die höllische Hitze. Uns fallen bereits bei den ersten Metern Unterschiede zwischen den Städten Guadalajara und Mérida auf. Womöglich liegt es an den Graffitis der Gangs in Guadalajara, dass Mérida eine angenehme Gelassenheit und Ruhe versprüht. Doch unsere ersten Eindrücke bestätigen sich, denn ohne die geringsten Probleme laufen wir durch die Stadt, besuchen Restaurants und unterhalten uns mit den Locals. Mérida ist von der Atmosphäre vergleichbar mit Santiago de Querétaro. Wir erleben keinen Moment der Unsicherheit, obwohl wir auch mitten in der Nacht unterwegs sind. Zum ersten Mal bin ich bei einem Live-Event, bei dem die Polizei keine Schusswaffen trägt. Das heißt hier schon etwas! Dennoch bekommen wir es mit einer ganz anderen Herausforderung zu tun.

Plötzlich überfällt Bianca Übelkeit und ihr Magen spielt vollkommen verrückt. Sie hat sich ihren Magen wohl beim Pizzaessen verdorben. Dabei machen ihr die Symptome so zu schaffen, dass wir schon das Schlimmste für die kommenden Reiseziele befürchten. Das Einzige, was uns nun helfen kann, sind die örtlichen farmacias – die Apotheken, die uns hoffentlich geeignete Medikamente geben können. Während Bianca als gelernte

Krankenschwester ihren Medikamentencocktail zusammenstellt, suche ich eine nach meinen Erfahrungen und Empfinden vertrauenswürdige Apotheke. Bei meiner Suche habe ich Glück. Ich finde eine geöffnete farmacia, aber muss mit dem Verkäufer einige Medikamentenwünsche austauschen. Auch wenn ich aus meinen eigenen Erfahrungen weiß, dass vor mir nicht zwingend ein ausgebildeter Pharmazeut stehen muss, bringt dieser señor ein gutes Verständnis sowie Expertise mit sich.

Nachdem ich mit dem Verkäufer die Einzelheiten über die Einnahme geklärt habe, laufe ich mit einer vollen Tüte Medikamente durch die Straßen. Auf dem Hinweg ist mir eine stark nachgefragte Bäckerei aufgefallen. Ich denke mir: *Bianca wird bestimmt bald wieder Hunger bekommen, dann sind doch conchas, süßes mexikanisches Brot, genau das Richtige.*

Nun laufe ich mit einer Tüte Medikamente und mexikanischem Gebäck, frisch von der panadería – der Bäckerei, durch die Straßen Mexikos. Ja, so bin ich, und das Ganze bei knapp 40 °C in knallendem Sonnenschein. Viel wichtiger ist mir, dass sich Bianca an den kommenden Tagen wieder erholt und wir unsere gemeinsame Reise fortsetzen können.

Chichén Itzá

Noch etwas angeschlagen von den ersten Urlaubstagen, begeben wir uns auf den Weg nach Valladolid. Bevor wir dort ankommen, machen wir einen Abstecher bei der weltbekannten Ruinenstätte Chichén Itzá. Uhh, Chichén Itzá, wie sehr ich mich darauf freue. Bei einer Recherche nach Sehenswürdigkeiten bin ich bei der von der UNESCO im Jahr 1988 zum Welterbe erklärten archäologischen Zone hängen geblieben. Zwar ist der Eintritt zu diesem neuen Weltwunder im Verhältnis zu anderen Ruinen mit 70 € für zwei Personen doch sehr hoch, aber wir können uns frei auf dem Gelände bewegen. Bei dem Trubel in der Eingangshalle sehen wir von einer Führung, die auch auf Deutsch hätte stattfinden können, ab. Im Nachhinein muss ich sagen, welch glorreiche Entscheidung. Durchaus sind diese Guide-Touren sehr informativ, doch wenn ich mir die Gesichter dieser Besucher und Besucherinnen anschaue, sehe ich nicht gerade helle Begeisterung. Vielleicht sind auch die Guides für die Reaktionen verantwortlich, aber die teils doch sehr gelangweilten Gesichter bringen mich schon zum Schmunzeln.

Nun stehe ich selbst vor einer der bedeutendsten Maya-Stätten weltweit. Ich finde es so beeindruckend, wie diese Pyramide einfach in einer dschungelähnlichen Umgebung steht. Was mich noch mehr interessiert, sind wieder die vielen Händler und Händlerinnen. Es sind wirklich unzählig viele, die sich auch auf großartige Gespräche und Verhandlungen einlassen. Bei allen Unterhaltungen entdecke ich Stück für Stück mein Interesse am Handeln, das sich nahezu in eine Handelswut verwandelt. Aber es macht mir total Spaß, mit den Verkäufern und Verkäuferinnen um Souvenirs zu feilschen und ein Stück mexikanische Tradition aufzunehmen.

Nachdem wir die gesamte Anlage einmal abgelaufen sind und Erinnerungsfotos gemacht haben, suchen wir nun nach einem geeigneten ADO-Bus (Autobús de Oriente), um von den Pyramiden zu unserem nächsten Zwischenstopp in Valladolid zu gelangen. Zu unserem Glück finden wir gerade vor der Abfahrt den richtigen Bus und müssen keine Extrastunde in der brütenden Hitze ausharren.

Bist du einmal in México und möchtest dir den Stress mit einer Autovermietung und der zu empfehlenden Versicherung sparen, sind die Überlandbusse eine absolute Alternative. Sie sind klimatisiert, haben bequeme Sitze und Fußstützen sowie fast aktuelle Filme, die eine super Möglichkeit bieten, die Spanischkenntnisse zu erweitern.

Valladolid

Angekommen in Valladolid erwartet uns eine moderne Wohnung, die ich wegen der Hängematte besonders in meinen Erinnerungen behalten werde. Nicht nur wir leben in der Unterkunft. In quasi allen Gebäuden in México, wo es Schlitze oder Öffnungen im Gemäuer gibt, verschaffen sich besonders nachts kleine Besucher ihren Zutritt. In unserem Fall können wir beim Anschalten des Lichts neongrüne Geckos beobachten, wovon einige Exemplare fast handgroß sind. Bei all den Gästen, die wir zwar unfreiwillig in unser vorübergehendes Zuhause lassen, erwischt uns bereits am Abend der Ankunft eine erneute Überraschung. Um es kurz zu machen, gebe ich dem Ganzen den Titel „Bianca und ihre Zweite". Dieses Mal ist es nicht durch den Verzehr einer Pizza passiert, sondern mit hoher Wahrscheinlichkeit durch ein Eis, welches wir beide auf dem zentralen Platz von Valladolid verzehrten. Das Gute an dieser Situation ist, wir haben alle nötigen Medikamente aus Mérida mitgenommen und so bleibt mir nur zu hoffen, dass es Bianca bald wieder besser geht.

Am nächsten Morgen muss ich feststellen, dass es Bianca weniger gut geht und sie nur ihre Ruhe möchte. Mit der Vergewisserung, dass ihr nichts weiter fehlt und sie sich nur schlafen legen möchte, besuche ich ein Highlight der Kleinstadt. Inmitten der Stadt liegt ein nahezu 100 m tiefes Wasserloch, das besonders von Touristen als zentrales Ausflugsziel aufgesucht wird. Bei diesem Wasserloch handelt es sich um die sogenannte Cenote Zaci, die neben mehreren Plattformen mit einem künstlichen Wasserfall die Besuchenden ins Staunen versetzt.

Schon am Eingang der Cenote fällt mir ein Pärchen auf, welches dem Akzent zur Folge aus Großbritannien stammen muss. Ihnen werde ich einen unglaublichen Sprung zu verdanken haben, von dem ich aktuell noch nichts ahne. Und nein, es handelt sich nicht um einen Fallschirmsprung.

Bevor ich tiefer in die Cenote hineinsteige, mache ich mich mit der mir zugeteilten Schwimmweste vertraut. Es ist einfacher als zunächst gedacht. Sobald ich auch nur den Gedanken erhebe, ins Wasser zu springen, muss ich die Weste anlegen. Auf die Hausordnung wird streng geachtet und durch mehrere Lifeguards konsequent durchgesetzt. Neben der Überwachung sind über der ganzen Wasserfläche Seile gespannt, die besonders in der Mitte dieses tiefen Loches Sicherheit verspüren lassen und zum Treiben durch das Wasser animieren.

Da ich kurz nach der Öffnung das natürliche Schwimmbad betreten habe, erblicke ich diese Höhle in einer unvergesslichen Ruhe. Aus knapp 20 m Höhe entdecke ich mehrere Ebenen, die das junge Pärchen bereits aufsucht. Während sie sich jubelnd von einer knapp 4 m hohen Kante ins Wasserloch stürzen, genieße ich das herabrieselnde Wasser des Wasserfalls. Mit der Schwimmweste um den Hals lasse ich mich durchs Wasser treiben. Doch plötzlich spricht mich das britische Pärchen Joe und Thesa an. „Hast du Lust, mit uns von der hohen Plattform zu springen?" Bevor ich darauf antworte, schauen wir alle zur Felswand inmitten der Höhle. Ich erblicke noch eine Plattform, die deutlich höher ist. Nachdem ich in meinem Leichtsinn dem Pärchen zugestimmt habe, mich gleich mit Ihnen zur Plattform zu bewegen, schätze ich die Höhe. Ich glaube, *die Sprungkante liegt bei ca. 13 m* und mit dieser Gewissheit will ich mich im nächsten Moment davor drücken. Dennoch reizt mich das Gefühl des Adrenalins in meinem Körper und ich habe den beiden mein Wort gegeben. Es ist ein innerliches Hin und Her.

Um mich an die Höhe heranzutasten, mache ich einige Sprünge von der ersten Plattform ins Wasser. Mit weiteren Sprüngen erlange ich Stück für Stück mehr Vertrauen, das ich nicht nur für diesen einen besonderen Hopser benötige. Der Untergrund, auf den ich nun Anlauf nehmen werde, ist durch das aufgetragene

Wasser die reinste Rutschbahn. Ich denke erst gar nicht daran, irgendwelche Anstalten zu machen, mich zu beeilen. Noch mehr Respekt erfährt die Felswand vor mir, an der die waghalsigen Flugwütigen entlang springen.

Während ich mir das Schlimmste ausmale, sehe ich meine neuen Bekanntschaften die Felswand erklimmen. Ich erkenne sofort, dass es von dort oben noch dramatischer aussehen muss, denn auch sie müssen all ihren Mut zusammennehmen. Doch sie überwinden sich und tauchen kerzengerade ins Wasser ein. Nun bin ich also dran…

Ich steige aus dem Wasser, erklimme die Plattform, und als ich angekommen bin, trifft mich fast der Schlag. Ich stehe direkt an der Kante und schaue in die Tiefe. Soll ich dir etwas verraten? Das kristallklare Wasser verbessert die Höhe auf keinen Fall. Ich kann nicht einschätzen, wie weit die Gesteinsbrocken unter der Wasseroberfläche liegen. Es könnten 20 m oder auch nur 2 m sein. In mir steigt ein Gefühl der Ungewissheit auf und dann… In diesem Augenblick ruft Joe in seinem stark britischen Akzent: „Ich nehme deinen Sprung auf! Hab keine Angst, das macht Spaß!" Ich denke mir: *Seine Worte in Gottes Ohr! Also was soll's…*

Dann nehme ich Anlauf und ohne zu stoppen, springe ich beim ersten Versuch von der Kante ab. Der Flug bis zum Wasser hat Ähnlichkeit zum Fallschirmsprung, doch hier macht es schon nach einer Sekunde KLATSCH…!

Noch während ich beim Auftauchen bin, schüttet mein Körper ein unglaubliches Sortiment an Glücksgefühlen aus. *Du verdammter Irrer! Du bist wirklich gesprungen!* spielt sich in meinem Kopf ab. Als ich auftauche, bejubeln mich die anderen beiden sofort.

Ich genieße diesen Tag, auch wenn ich ihn leider ohne Bianca erlebe. Ich bin meines Glücks bewusst und lasse meinen bisher gegangenen Weg unter dem Wasserfall mit Stolz Revue passieren. Denn noch heute soll eine riesige Herausforderung auf uns warten, von der wir tagsüber nichts erahnen.

Bianca erholte sich tagsüber und so entscheiden wir uns, noch vor der morgigen Weiterreise Bargeld abzuheben. Auf der Insel Holbox, unserem nächsten Reiseziel, gibt es zwar Bankautomaten, doch meist sind diese nach dem Auffüllen schnell wieder durch die Touristen leergeräumt.

Mit unserer Entscheidung, das Geld zu diesem Zeitpunkt abzuheben, lösen wir einen hoffnungslosen Polizeieinsatz aus. Lass es mich erklären, und dir wird dieses Missgeschick hoffentlich nicht ereilen. Bei meiner Recherche, wo wir am besten Geld abholen können, habe ich einen Geldautomaten von der Bank entdeckt, die ich auch in Guadalajara besuche.

Vor Ort schaut erstmal alles völlig normal aus, denn auch andere Personen heben Geld von diesem Automaten ab. Also, Karte ab in die Maschine und warten… und warten… und warten …

Dann erscheint ein blaues Display mit den Worten „con error". Nach weiteren zwei Sekunden normalisiert sich das Display-Menü, aber wann kommt meine Geldkarte? *Was ist jetzt passiert?*

Ich schaue Bianca an und sage zu ihr: „Ich glaube, wir haben jetzt ein Problem, denn der Automat hat meine Karte gefressen und gibt sie nicht mehr her..." In diesem Augenblick sehe ich eine offene Klappe, in der eine technische Einheit offen einsehbar liegt, die normalerweise nicht so zugänglich sein sollte.

Ist der Automat manipuliert worden? Meine Alarmglocken gingen los. Wir stellen uns beiseite und beratschlagen uns, was wir nun machen. Bianca beobachtet bei dem Gespräch die Umgebung und dabei fällt ihr auf, dass nach mir deutlich mehr Personen am Automaten zugange sind als vor dem Malheur. Gleichzeitig sprechen wir das Naheliegendste für uns aus: „Wird gerade das Konto leergeräumt...?"

Sofort schaue ich auf mein Handy, ob irgendwelche Transaktionen erkenntlich werden. Doch alles bleibt ruhig. Nachdem wir den ersten Schock bei einem Entsetzen belassen können, fällt mir das nächste Problem an der ganzen Situation auf. Diese Geldkarte benötigen wir für unsere weitere Reise. Wir haben zwar eine zweite Geldkarte eingepackt, doch wenn diese ebenfalls einkassiert wird, sind wir gestrandet und können nirgends mehr Geld abheben. Die ganze Situation bringt mich in Fahrt und ich bin in gewisser Weise auch sauer auf mich selbst, dass ich keine Bankfiliale aufgesucht habe.

Um meinem Glück auf die Sprünge zu helfen, wende ich mich an die Kassiererin des Geschäftes von nebenan. Ich frage sie, was mit dem Automaten los sei, dass er die Karte nicht zurückgibt. Sie meint wörtlich zu mir: „Ja, bei dem Automaten muss man Glück haben, Geld zu bekommen. Viele Leute haben ein Problem, dass er die Karte nicht zurückgibt." In diesem Moment fällt mir die Kinnlade runter und ich denke: *Die Mitarbeiter und Mitarbeiterinnen wissen von dieser Problematik und niemand verbessert die Situation? Sie lassen die Leute ins offene Messer rennen und hoffen, dass alles gut ausgeht?*

Während ich mit der Verkäuferin lautstark im Geschäft darüber diskutiere, bemerke ich die großen Augen der Kundschaft. Ich verstehe dann, dass nur Angestellte der Bank den Automaten entsprechend programmieren und öffnen können, dennoch bleibe ich dabei, dass vor allem Touristen mit einer Kreditkarte und wenig Bargeld ernsthafte Probleme bekommen können. Es ist das Mindeste, ein Hinweisschild anzubringen.

Um auf Nummer sicher zu gehen, rufen wir mit der Verkäuferin die Polizei, um die Manipulation aus dem Weg zu räumen und unsere Hoffnung auf die Karte nicht zu beerdigen. Nach 20 Minuten und weiteren Gesprächen trifft der erste Polizist ein. Er nimmt zunächst meine Personalien auf und möchte die Situation verstehen, warum er gerufen wurde – natürlich sachlich und ruhig. Ich gebe ihm immer wieder zu verstehen, dass wir abhängig von der Karte sind, doch er glaubt, dass wir ihn nicht verstehen. Im Handumdrehen ruft er noch zwei weitere Kollegen, wovon einer zum Übersetzen bereitstehen soll. Das Resultat der Aktion: Drei Polizisten, die sich fast gegenseitig an die Gurgel gehen, weil die hinzubestellten Ordnungshüter den Grund ihres Auftrages nicht verstehen.

Dieser Anblick entschädigt schon fast die verlorene Karte. Trotz dieses Polizeiaufgebots kann uns niemand helfen. Ein Polizist empfiehlt mir, dass ich entweder in drei Tagen mit einem Bankmitarbeiter sprechen kann oder jetzt noch 45 Minuten warte, sodass jemand von der Bank den Automaten ferngesteuert zum Ausspucken genau meiner Karte führen könne. Diese Wendung, dass ein imaginärer Hacker auf mysteriöse Weise aus der Ferne den Bankautomaten dazu bewegen solle, gibt mir den Rest. Ich akzeptiere, dass die Geldkarte verloren ist…

Nachdem sich die netten Polizisten mit einer Ghetto-Faust von mir verabschieden, sperre ich schnurstracks meine einkassierte Geldkarte. Da wir noch unweit vom Automaten entfernt stehen, bemerken wir eine Gruppe US-Amerikanerinnen, denen genau das Gleiche passiert. Weil ich die Situation am eigenen Leibe schon hinter mir habe, kläre ich die aufgebrachten Frauen sofort auf. Was soll ich zu diesem Abend sagen? Als wir auf dem Weg zurück sind, überwiegt zunehmend die Fröhlichkeit. Du fragst dich sicherlich, wieso die Stimmung so schnell wechselt, oder?

Vor der Reise habe ich noch ausgiebig mit Bianca überlegt, die zweite Geldkarte in Guadalajara zu lassen, doch mein Inneres hat mir dazu geraten: „Nimm sie lieber mit!" Und nun zahlt es sich wieder aus, seinem eigenen Gefühl zu vertrauen. Am nächsten

Morgen haben wir bei einer offiziellen Bankfiliale ausreichend Bargeld für die letzten Reiseabschnitte besorgt, sodass der Schaden nur bei einer Kartensperrung und deren neuen Bestellung liegt. Ich bin froh, dass unsere Reise kein vorzeitiges Ende genommen hat.

Mein Tipp an dich: Du wirst es wohl schon erahnen, aber ich verrate ihn dir. Habe immer einen Plan B oder ein Back-up, denn es kommt oft anders, als man es sich gedacht hat...!

Chiquilá und Holbox

Nachdem wir die letzte Herausforderung nahezu unbeschadet überstanden haben, sitzen wir im autobús Richtung Chiquilá und sind voller Vorfreude, was uns nun erwarten wird. Bereits im Vorfeld hatten wir uns über den Hafenbereich Chiquilás informiert und sind dabei auf eine nicht unerhebliche Anzahl an Ticketbetrügern und Ticketbetrügerinnen gestoßen. Ich kann dich beruhigen, denn bis zur Insel Holbox funktioniert alles super. Mit der Fähre fahren wir zum Sandstrandparadies, wo uns sofort die große Anzahl an Buggys auffällt. Du musst wissen, auf Holbox gibt es nur Buggys und Mopeds als motorisierte Fortbewegungsmittel. Besonders wenn es geregnet hat, haben hier einige ihren Spaß, und danach sehen diese Fahrzeuge komplett verschlammt aus. Vor allem die Touristen machen in der Regenzeit verstärkt Gebrauch der motorisierten Gefährten. Doch wenn du mal in den Genuss kommst, hier einen Buggy auszuleihen, bereite dich im Vorfeld auf eine nicht unerhebliche Reinigungsgebühr vor.

Bianca und ich haben an dieser Stelle Glück, denn wir müssen weder ein Fahrzeug mieten, noch regnet es einen Tag.

Hingucker dieses Inselparadieses sind die weiten Sandstrände. Mit einem Wort beschrieben, sie sind traumhaft! Bereits beim Aufsuchen unserer Unterkunft tragen für mich jedes Haus, jeder Weg und jeder Abschnitt dieses Eilandes zu einem einzigartigen Flair bei. Beim Erreichen unserer Wohnung sind wir zunächst restlos begeistert. Das Haus gleicht auf dem ersten Blick einer Villa mit eigenem Pool und Terrasse, direkt an der Lagune, mit Blick auf die Mangrovenwälder und freilebenden Krokodile. Ja, wirklich, wir stehen auf einer Terrasse an einem Gewässer, in dem wildlebende Krokodile ihre Kreise ziehen! Dabei überlege ich: *Wie es wohl wäre, wenn morgens ein Krokodil auf unserer Hollywoodschaukel liegt?* In diesem Moment tauft Bianca das erste Krokodil zu unserem Terrassenkrokodil - Koki. Mit diesem Ausblick scheint endlich der Urlaub richtig beginnen zu können. Es geht bergauf...!

Doch der Eindruck trübt. Nachdem die Eigentümerin das Haus verlassen und die Tür geschlossen hat, fängt das halbe Haus an zu vibrieren. Ich erkunde das Haus und suche die Herkunft dieses Lärmes. Dabei fällt mir ein Abstellraum auf, der nur von unserer Terrasse erreichbar ist. Als ich in den Raum hineinschaue, trifft mich sofort der Schlag. Es handelt sich um einen riesigen Pumpenraum, der von seinen Dimensionen nicht nur für unser Haus ausgelegt ist. Bei einem späteren Gespräch mit der Vermieterin erklärt sie uns, dass es auf Holbox zu dieser Jahreszeit wenig Wasser gibt und deswegen die Pumpe ständig anspringt.

Dabei schaue ich mir dieses System genauer an und beschreibe dieses Hauswassersystem eher als tickende Zeitbombe. Die Zisterne ist mehr als halbvoll, aber die Pumpe hat aus einem unbekannten Grund, ich zeige gerade nicht auf die wackelnde Wasserleitung, ständig Druckverlust. Unsere Vermieterin ist da ganz anderer Meinung. Sie pumpt während meiner laienhaften Begutachtung das chlorreiche Poolwasser in die Zisterne, um den angeblichen Mindeststand zu erreichen. Wie ich mir gedacht habe, hat dieser Mindeststand nichts gebracht, außer dass unser Hauswasser nun eine kleine Note an Chlorgeruch besitzt. Viel interessanter erscheint mir die Konstruktion neben der losen Wasserleitung zum Ansaugen des Wassers. Hier liegen Gasbrenner, Sicherungskasten und das gesamte Pumpwerk für die Wohnungen zusammen. Ich bin kein Installateur oder Techniker, aber sicher mit dieser Konstruktion unter unserem Schlafzimmer fühle ich mich nicht. Mir bleibt nur die Frage an Bianca: „Wer zum Henker kam auf diese glorreiche Idee...?" Naja, wie erwartet, verläuft die erste Nacht alles andere als prächtig!

Noch im Laufe dieser Nacht entscheide ich mich zumindest, dem Brummen ein Ende zu bereiten, die Hauswasserversorgung abzuschalten und die Vermieterin darüber zu informieren. Schlussendlich können wir zumindest für den nächtlichen Lärm einen Kompromiss finden. Die Pumpe wird nachts von mir ab-

und morgens angeschaltet und wir bekommen zusätzlich eine Nacht erstattet.

Nach diesem Gespräch kommen neuerdings immer wieder fremde Leute, die sich als unsere Nachbarn bezeichnen, auf unsere Terrasse. Es sind keine Touristen, sondern Locals, die hier ihre Ferienwohnungen haben und uns Stories über gefangene Krokodile und Barbecue mit Krokodilfleisch erzählen. Innerlich muss ich über diesen ganzen Reiseverlauf lachen.

An dieser Stelle steht für mich fest, dass diese Rundreise einer meiner Magic Points sein muss! Allein in diesem Abschnitt haben Bianca und ich Geschichten erlebt, die manch jemand in seinem ganzen Leben nicht erleben kann. Es ist einfach so unmöglich, diese Vorkommnisse in der Art und Weise sowie in dieser Kürze in Deutschland zu erleben. Trotz dessen lassen wir uns nicht den Spaß und die Freude an der gemeinsamen Zeit nehmen. Während ich im kristallklaren Wasser fast auf einen Rochen am Meeresgrund trete, schreit ein kleines Kind neben uns: „Mum, there is a shark...! There is a shark...!" Es ist Gott sei Dank kein Hai, sondern ein Wal, der knapp an der Küste seine Bahnen zieht. Auch wenn ich dir eher die verrückten Geschichten erzähle, ist Holbox eine Insel, die mich durch ihre einzigartige Atmosphäre in ihren Bann gezogen hat. Bei unserer Rückfahrt mit der Fähre ans Festland, hoffe ich sehr, diese Insel nochmal in der Zukunft sehen zu können. Irgendwann in 20 Jahren außerhalb meines Freiwilligendienstes, um zu sehen, wie sich die Insel entwickelt hat, und ich mich an die Erlebnisse mit den Krokodilen und einem Waldstück voller Mücken zurückerinnern kann. Doch die Schnelllebigkeit hinterlässt bei Bianca und mir ihre Spuren...

Durch die vielen aufregenden und fremden Situationen stößt unsere Aufnahmefähigkeit langsam an ihre Grenzen und uns fällt es zunehmend schwerer, uns in der Kürze der Zeit auf die Orte einzulassen. Auch die Stimmungen zwischen uns pendeln von der einen in die andere Richtung. Ich glaube, bei den vielen Vorkommnissen und dem 24/7 beisammen sein, ist es völlig normal, dass die Laune und Motivation manchmal brachliegen. Ich versichere dir aber, wir haben nicht eine Sekunde daran gedacht, die Reise anders zu gestalten oder gar abzubrechen. Dafür freuen wir uns viel zu sehr auf die neuen Orte und Herausforderungen!

Cancún und Isla Mujeres

Nächster Stopp ist eine der bekanntesten Städte Mexikos. Ich denke, so richtig bekannt für mich wurde Cancún durch die UN-Klimakonferenz 2010 und die kilometerlangen Strände. Cancún ist dennoch nicht unsere direkte Destination. Auf unserem Fahrplan steht die Isla Mujeres, die wir vom Fährhafen Cancúns erreichen. Da wir aber eine breite Fläche an Orten besuchen wollen, bietet sich dieser kurze Abstecher zum Schlangennest nahezu an.

Schon vor der Überfahrt merke ich, dass viele Touristen diesen Weg zur Insel wählen. Die Fähre ist deutlich ausgelasteter als bei unserer letzten Fahrt nach Holbox. Die Überfahrzeit ist jedoch vergleichbar und so sind wir bereits nach 30 Minuten auf dem Eiland.

Der erste Eindruck von der Insel ist für uns zunächst etwas enttäuschend. Isla Mujeres ist ein Paradebeispiel für Massentourismus, der vor allem aus US-Amerika kommt. Es soll nicht bedeuten, dass die Insel keinen Charme besitzt, ganz im Gegenteil, doch mit Blick auf die paradiesische Insel Holbox erleben wir sofort gravierende Unterschiede. In den ersten Minuten erkenne ich, dass es hier einige Busverbindungen gibt und einen festen Taxipreis, der sich an den eingeteilten Inselzonen orientiert. Aufgrund des hohen Andrangs der Neuankömmlinge müssen wir einige Zeit auf unser Taxi warten, um zu unserer Wohnung inmitten der Insel direkt am karibischen Meer zu kommen. Doch die knapp 20 minütige Autofahrt ist schneller bewältigt als die Wartezeit. Aus meiner Sicht hat sich das Warten dennoch gelohnt, denn mit Gepäck bei über 35 °C einige Kilometer laufen kann üble Nebenwirkungen hervorrufen. Aus diesem Grund sind wir besonders happy über unsere Klimaanlage in der Wohnung. Neben dem Schutz vor der Hitze ist die Unterkunft unser Waschsalon. Endlich können wir unsere benutzte und durchgeschwitzte Wäsche einmal durchwaschen. Das ist übrigens eine exzellente Idee, um möglichst wenig Kleidung mittragen zu müssen. Alternativ empfehle ich auch die Wäschereien, die wirklich nur einen schmalen Taler kosten. Zumindest habe ich diese Erfahrung in Querétaro gemacht.

Da uns nicht viel Zeit auf der Insel bleibt, entscheiden wir uns, einen der weltweit schönsten Strände aufzusuchen und die Steilküsten der Punta Sur zu erkunden. Erneut halten wir ein Taxi an der Straße an, und lassen uns in die Nähe des Strandes Playa Norte oder auch Playa los Cocos fahren. Dort erwartet uns nicht nur das karibische Meer, sondern auch ein Meer an Sonnenliegen, die dicht aneinander gereiht den jeweiligen Beachclubs zugehören. Entsprechend den Angeboten bezahlen wir den Tagessatz für die Benutzung, um die Zeit am endlos erscheinenden, puderweichen Sandstrand zu genießen. Dabei werde ich niemals dieses Bild vergessen, wie unweit von uns Luxusyachten in Reede liegen, darauf Gruppen in den Tag hineinfeiern und davor unzählige Badegäste mit Bierdosen in der Hand, mit den Wellen auf und ab gleiten.

Auch wir stürzen uns in das kristallklare Wasser. Während ich mich so dahintreiben lasse, taucht neben mir ein 100 MXN-Schein auf. Die Situation erscheint so unglaubwürdig, da so viele Leute hier im Wasser sind und ausgerechnet neben mir das Geld entlangtreibt. Tja, das zum Thema Geld liegt auf der Straße…

Nachdem wir uns ausgiebig entspannt haben, lassen wir uns zur anderen Spitze der Insel fahren, die innerhalb von 30 Minuten erreichbar ist. Du wirst nicht glauben, welche Vielfalt diese Insel bietet. Gerade noch liegend an einem der eindrucksvollsten Strände der Welt bietet sich uns nun eine herrliche Steilküste mit Aussicht auf das türkisblaue Meer auf der einen und die Silhouette der Stadt Cancún auf der anderen Seite. Ein absolutes Highlight ist der meterhohe Leguan, der für mich als Sinnbild der Insel steht. Hast du Gelegenheit, zu Fuß abseits Downtown unterwegs zu sein, wirst du verstehen, was ich meine. Überall toben die Reptilien und genießen ein Bad in der Sonne. Zum Teil huschen sie vor den Füßen von einer Straßenseite zur anderen oder laufen direkt vor mir her.

Doch auch dieser Zwischenstopp bringt seine Tücken mit sich. Während wir tagsüber die Insel bei höllischer Hitze erkunden, freuen wir uns nachts auf eine ersehnte Abkühlung. Aber gerade, als wir uns für das Bett fertig machen, macht es KLACK... Es ist nicht irgendein Klacken, sondern genau das Klacken, wenn es heißt, zappenduster!

Im Haus fällt also die Stromversorgung aus... Und was heißt das? Richtig, bereits nach einigen Minuten merken wir, wie die Zimmertemperatur ansteigt und bei über 30 °C zum Stillstand kommt. Mit anderen Worten, die Nächte sind trotz offener Balkontür und bei dem Rauschen des Meeres fast unerträglich. Selbst mit all der Schönheit dieses Urlaubsparadieses kommt mir der Gedanke: *Zum Glück müssen wir es nur zwei Nächte in dieser Sauna aushalten.*

Um von den heißen Gedanken abzulenken, hast du dich schon gefragt, warum wir immer ein Taxi rufen und kein Buggy ausleihen...?

Tatsächlich haben wir uns das für einen Tag vorgenommen, denn auf Isla Mujeres beträgt die Tagesmiete nur 1.000 MXN also etwas über 50 € am Tag, wobei die Benzinkosten in den meisten Fällen schon inkludiert sind. Als wir uns in Downtown der Insel über die weiteren Konditionen bei einem Verleiher erkundigen, fällt uns ein entscheidendes Schild am Fenster des Verleihers mit

der Aufschrift „¡Sólo con licencia!" auf. Ich sage zu Bianca:
„Verdammt... Wir brauchen hier einen gültigen Führerschein!"

Da wir unsere Führerscheine in Deutschland gelassen haben und einen internationalen Führerschein nicht beantragt haben, bleibt uns nur die Kulanz des Verleihers. Es klingt absurd, aber was haben wir schon zu verliehen? So verrückt wie die Idee erscheint und dies durch das Runzeln des Verleihers Bestätigung findet, gibt er uns einen Tipp, wo wir ohne Fahrlizenz einen Buggy ausleihen können. Mir wird wieder klar, ich bin nicht in Deutschland, und wer hier nicht fragt, kann auch nicht weiterkommen...

So sehr wir uns nun freuen, so schnell wird uns diese Freude genommen. Die Leihgebühr ohne Fahrlizenz hat wortwörtlich ihren Preis. Unser vermeintlicher Tipp verlangt einen Aufschlag von 100 %, der nicht verhandelbar ist und sofort in Cash zu leisten ist. Mit diesem „Angebot" gehen wir zu weiteren Verleihern, die zum Teil dann pro Stunde 250 MXN verlangen. Bei den ganzen Verhandlungen kommt uns der entscheidende Knackpunkt in den Sinn. *Was passiert, wenn uns die Inselpolizei kontrolliert und dabei auffällt, dass wir keine Fahrlizenz dabeihaben, oder wir an einem Unfall beteiligt sind?*

Hier treten wieder das Wenn und Aber auf... Doch ich will klarstellen, dass es sich nicht um einen von mir ersehnten Traum handelt, sondern um eine bloße Buggy-Tour. Ich kann nur den Ratschlag geben: Nimm die taxistas! Mit denen kann man super quatschen, sie geben Tipps, freuen sich besonders, wenn sie in

Unterhaltungen einbezogen werden, und preislich ist das wirklich überschaubar.

Nach zwei Tagen Isla Mujeres wartet bei der Rückfahrt zum ADO-Terminal in Cancún eine unvorhersehbare Situation der nicht alltäglichen Sorte auf uns. Bereits kurz nach dem Betreten des Festlandes, kommen taxistas auf uns zu, um ihre Bereitschaft für eine Fahrt zu zeigen. Ich checke natürlich vorher andere Fahrmöglichkeiten. Neben öffentlichen Verkehrsmitteln, die nur einen Bruchteil kosten, favorisiere ich wieder Uber. Dementsprechend weiß ich, wie der Hase läuft. 90 MXN für eine Uber-Fahrt, und was sagen mir die so netten taxistas? 150 MXN verlangen sie, das sind 33 % Aufschlag! Du kannst dir denken, dass ich nach den ganzen Vorkommnissen richtig Lust auf eine Diskussion habe. Noch während sie uns von einer Fahrt mit weitreichendem Elan überzeugen wollen, denke ich mir: *Ich lass mich doch nicht verar*****...!*

Was ich bis hierhin nicht weiß, ist, dass die Straße am Fährbereich eine ausschließliche Zone für die taxistas oder drastischer gesagt für die Taxi-Mafia ist und Uber-Fahrer und Fahrerinnen vor unseren Augen vertrieben werden. Es geht so weit, dass die taxistas den Touristen hinterherrennen und die ankommenden Uber-Fahrer und Fahrerinnen lautstark unter Drohungen vertreiben. Ich gebe dir den Tipp: Lass dich von diesen Abzockern nicht überzeugen oder einwickeln! Geh wie wir zu einer Querstraße und ruf dort in Ruhe das Uber-Taxi. Das Standhalten gegenüber der Taxi-Mafia soll sich auszahlen.

Unser neubestellter Uber-Fahrer ist einfach genial. Wir reden während der gesamten Fahrt über den fehlenden Respekt, besonders im Verkehr. Nicht alle Leute sind malditos - die Verdammten! Aufpassen ist überall und das nicht nur in México angebracht.

Tulum

Die Taxi-Mafia fährt uns dennoch schneller wieder über den Weg, als uns lieb ist. Mit dem einzigen Unterschied, dass wir uns nicht einfach in eine Querstraße stellen und ein neues Uber-Taxi bestellen können. Leider gibt es in Tulum keine Uber, da die Taxi-Mafia und die Kartelle solche Entwicklungen verdrängen und mit den nötigen Mitteln bekämpfen! Das lohnt sich für diese Gruppierungen besonders unter den aktuellen Entwicklungen. Tulum wurde für Reiseberichtende, den Tourismus und Social-Media zur Hochburg. Der Ort erlangte einen regelrechten weltweiten Popularitätsboom, was vor allem durch die archäologische Zone direkt am Strand ausgelöst wird. Für mehrere Wochen Urlaub in Tulum sollte man einen gut ausgestatten Geldbeutel mitbringen! Das meine ich nicht als internationaler Freiwilliger, dessen Budget stark limitiert ist, sondern als Person, die Preisleistung in den Vordergrund stellt.

Schon am Terminal der Busstation begrüßt uns ein junger taxista und mir ist sofort klar, wo der Schuh drückt. Der will ein gutes Geschäft machen! Das Prozedere ist wie immer. Wir handeln den Preis aus, bis beide Parteien zumindest einigermaßen zufrieden sind. In diesem Fall ging es sehr schnell – 300 MXN für

10 Minuten Fahrt. Zunächst wollten wir uns den Taxifahrer für einen Tag als Guide buchen, doch allein die immensen Taxikosten von 900 MXN (ca. 50 €) für ca. 10 km nach Verhandlung ließen keinen Spaß aufkommen.

Doch unser vorübergehendes Appartement entschuldigt diesen Umstand. Es ist einfach ein Traum! Vom Whirlpool auf dem Balkon haben wir einen einmaligen Blick über die Baumkronen des Dschungels. Bunte Vögel und unheimlich viele Schmetterlinge kommen immer wieder zu Besuch. Da die Wohnung etwas abseits des Ortes liegt, hat uns der Wohnungseigentümer zwei Fahrräder zur Verfügung gestellt. Wir entschließen uns mit den Fahrrädern durch den Dschungel zur Cenote Cristal zu fahren. Neben den Eindrücken, die uns, mit einem Taxi niemals passiert wären, können wir durch das heftige Müllaufkommen eine der Schattenseiten des Tourismus und des weltweiten Interesses an Wohnraum in Tulum erkennen. Alte Surfbretter, Reifen, Stoßstangen, Müllsäcke und andere Abfälle liegen insbesondere am Stadtrand und am Rand neu bebauter Gebiete. Trotz dessen begegnen wir dazwischen einer Insektenvielfalt, die ihres Gleichen sucht. Jede 100 m schrecken wir einen Schwarm von Schmetterlingen hoch, die in ihren bunten Farben vor uns her tanzen und sich wieder herabsetzen.

Nach knapp 30 Minuten treffen wir in der Cenote ein. Schon am Eingang fällt uns auf, dass fast keine Besucher anzutreffen sind, obwohl der Eintrittspreis von 300 MXN für 2 Personen überschaubar ist. Dafür erhalten wir einen Aufenthalt in einem kleinen Paradies mit kristallklarem Wasser. Es ist einfach perfekt zum Schnorcheln. Mit der Schnorchelmaske kann ich Schildkröten beim Schwimmen beobachten. Unter mir queren farbenprächtige Fische und außerhalb des Wassers locken viele Leguane sowie die herrliche Aura dieses Ortes. Dabei fällt mir der hölzerne Sprungturm auf, der zwar zur Felswand in Valladolid überschaubar ist, aber doch seinen Reiz hat. Es ist einer der ausgelassensten Tage meines gesamten Freiwilligendienstes, der sich tief in mein Gedächtnis eingebrannt hat.

Da wir nun doch etwas geschafft von den ganzen Eindrücken und Vorkommnissen sind, lassen wir einige Programmpunkte, wie den Strand von Tulum, aus. Schade drum, aber ich glaube, die ganzen Impressionen, die ich bis hierhin bekommen habe, sind unbezahlbar, und mit diesen Stories allein lässt sich ein Buch füllen.

Zum Abschluss der Reise möchte ich dir noch zwei Stories erzählen, die einfach so unglaubwürdig und übertrieben klingen, wenn man sie selbst nicht erlebt hat.

Unwirklich um wahr zu sein

Kurz vor der Abfahrt von Tulum nach Mérida kommen wir zu einem Laden, wo uns zwei Herren zunächst freundlich einladen, ihre Produkte anzuschauen. Das passt uns hervorragend, denn wir wollen noch unbedingt einen Magneten als Erinnerung und ein paar Souvenirs kaufen. Nachdem wir erläutern, was wir suchen, zeigt einer der Verkäufer uns die Magnete. Nachdem ich dem

Kauf zugestimmt habe, fragt er mich: *„ ¿Sólo un imán? Hago un precio barato, ¡Mira mis otros productos!"*

Aufgrund unserer Erfahrungen bietet er uns einen unschlagbaren Preis. Ich verstehe, dass er uns nicht so einfach gehen lassen will. Daraufhin entscheide ich mich, Ausschau nach weiteren Erinnerungsstücken zu halten. In einer gläsernen Standvitrine inmitten des überschaubaren Verkaufsraumes fallen mir mehrere Zähne von irgendwelchen Tieren auf. Bevor du weiterliest, rate zunächst mal, mit welchem Tier man Touristen besonders locken könnte. Die Antwort wirst du gleich erfahren...

Mit meiner Frage, zu welchen Tieren die Zähne gehören, vermittle ich wohl dem Verkäufer eine lukrative Verkaufsoption. Obwohl niemand außer mir und Bianca im Raum ist, fängt der Verkäufer auf geheimnisvolle Art und Weise zu flüstern an. „Oh, dieser Zahn ist etwas Besonderes und ich mache dir einen super Preis! Es handelt sich um einen Tigerzahn, den ich dir anstatt für 500 MXN, für 300 MXN verkaufe! Das darf aber der andere Verkäufer nicht mitbekommen... okay?"

Es macht den Anschein, dass er guter Bulle böser Bulle spielen will und er mir mit seinem Preisangebot den Zahn schon fast schenkt.

Jetzt aber Butter bei de Fische... Fakt ist, er will mir einen angeblichen Tigerzahn hier in Tulum für knapp 15 € verkaufen! Ich kann die Situation gar nicht in Worte fassen. Um die Situation etwas auszutesten und zu ertasten, wie weit er geht, spiele ich weiterhin mein Interesse vor. Ich erkläre ihm, dass ich unvorstellbare Probleme mit der deutschen Polizei bekomme und dass ich dafür ins Gefängnis kommen kann. Seine Antwort bestätigt leider nur, was ich von Anfang an gedacht habe. Er empfiehlt mir, dass ich der Polizei sagen soll, es sei ein Hundezahn... *Ein Hundezahn! Junge, Junge, Hauptsache der Rubel rollt bei ihm*, denke ich mir... Ich lehne das „Angebot" natürlich dankend ab. Nachdem Bianca ebenfalls die Traumfänger ablehnt, kippt die Stimmung und der Herr zeigt sein wahres Gesicht. Bevor die Situation eskaliert, drücke ich ihm seine 70 MXN für den Magneten in die Hand und wir machen die Biege. Ich realisiere erst im Busterminal, was da eigentlich passiert ist und bin froh, dass alles gut ausgegangen ist.

Voller Freude, diese aufregende Zeit gesund und munter überstanden zu haben und wieder nach Jalisco reisen zu können, hält der Rückflug nach Guadalajara noch einiges für uns bereit. Wer zart besaitet ist, ist hier an einem völlig falschen Platz, aber meist sucht man sich solche Situationen nicht selbst aus. Nachdem der Hinflug schon sehr ruppig war, kommt es zu meinem schlimmsten Flug, bei dem ich die wirkliche Flugangst kennenlerne. Das ganze Drama beginnt schon beim Warten im Terminal auf unseren Abflug. Kurz vor unserem Start kommt ein starkes Unwetter in Richtung Flughafen. Einige wartende Flugzeuge werden bereits von der Startbahn geholt und auf eine andere manövriert. Nachdem wir das ganze Prozedere beobachtet haben, beginnt unser Flug. Dieses Mal sitzt Bianca getrennt von mir im Flugzeug, ohne dass ich kurz vor dem Start nochmal den Sitzplatz tauschen konnte. Aber das ist auch weniger der Grund meiner Sorge. Bis zum Abheben wirkt alles ganz normal, doch kurz nach dem Ausschalten der Anschnallzeichen startet der Flug als höllische Erfahrung so richtig durch. Im Ernst, ich bin froh, dass ich noch sagen kann, dass ich meine Erfahrungen und Erlebnisse teilen kann. Mit dem Abschalten der Anschnallzeichen und der beinahe erreichten Reisehöhe wird das Flugzeug von einer harten Turbulenz erwischt, die das Flugzeug in eine enorme Querlage bringt. So etwas habe ich bei meinen ganzen vorherigen Flügen noch nicht erlebt.

Im Sitz krallend, höre ich zum ersten Mal, wie Passagiere in einem Flugzeug vor Angst schreien. Ich merke, wie der Pilot Mühe hat, das Flugzeug wieder unter seine Kontrolle zu bringen. Und ohne Spaß, ich sehne jetzt schon die Landung herbei. Da es während des gesamten Rückfluges nie zur Ruhe kommt, werden die Anschnallzeichen fortan nicht mehr deaktiviert.

Mit den unaufhörlichen Verwirbelungen der Luft in beträchtlicher Höhe spüre ich, das ist gewiss noch nicht das Ende der Musik gewesen. So soll es kommen, denn die später anschließende Landung übertrumpft nochmal alles. Ich erfahre meinen angsteinflößendsten Aufenthalt in einem Flugzeug, den ich jemals hatte!

Während die Flugbegleiterinnen den restlichen Abfall der Passagiere noch sammeln, erwischen uns so heftige Turbulenzen, dass die Stewardessen umhergestoßen werden und auch der Wagen mit den Getränken und Snacks sich fast unkontrolliert im

Gang bewegt. In diesem Moment bricht das Flugzeug in alle Richtungen aus. Menschen schreien und plötzlich geht auch das Notausstiegslicht an, obwohl wir uns noch einige hundert Meter über dem Boden befinden. In der letzten Schleife in Richtung Landebahn sackt das Flugzeug bei einer kompletten Querlage ab und ich sehe mit direktem Blick auf den Erdboden den Boden plötzlich sehr schnell näherkommen...

Ehrlich, das ist nicht mehr funny. Endlich auf der Landebahn aufgesetzt, wird das Flugzeug nochmal stark seitlich versetzt. Ich werde nie den Blick von Bianca vergessen, als ich beim Check-Out auf sie warte... Ihre Worte: „Ich sitze nie wieder in so einer kleinen Maschine in solchen Gefilden! Ich hatte noch nie solche Todesangst!"

Einen Tag später können wir schon wieder darüber schmunzeln. Besonders die laut miauende Katze, die auf dem Platz hinter Bianca dem Drama ausgesetzt war, hatte es uns angetan. Insgesamt waren wir trotzdem froh, diese Aktion gesund und munter überlebt zu haben!

Die erzählten Stories haben sich wirklich so abgespielt, aber zeigen nur einen Bruchteil von dem, was wirklich passiert ist. Ich bin froh, diese Reise zu keinem Punkt abgebrochen zu haben und genau so gemacht und erlebt zu haben. Karten, die man bekommt, kann man sich nicht aussuchen, aber es ist die Kunst, damit umzugehen und diese geschickt auszuspielen, um etwas einmalig Besonderes entstehen zu lassen! Lass die Angst nicht gewinnen, denn es gibt unfassbar schöne Dinge und Erlebnisse neben dem gepflasterten Weg!

27. Los Azules – Tequilas Wasserfälle

Neben dem Lucha Libre fehlt mir auf meiner To-do-Liste ein natürlicher Wasserfall. Ich habe zwar unvergessliche Orte kennengelernt, aber seit ich im Flugzeug nach Guadalajara saß, habe ich mir vorgenommen, an einer Klippe das herabstürzende Wasser zu genießen. Und wer kommt für solch ein Abenteuer infrage? Mir fällt sofort Hugo ein, der mir an meinen letzten Tagen in México eine so liebenswerte Überraschung organisiert, denn er weiß ebenfalls, ein Wiedersehen ist dann mit viel Aufwand verbunden.

Wie so oft startet die Tour in der Tequila reichen Stadt. Bereits früh am Morgen sind wir wieder unterwegs, dennoch gleicht die Distanz gegenüber dem Trip zum Vulkan einem Kinderspiel. Doch aufgepasst, hier liegt die Würze in der Kürze!

Die Hänge, an denen wir entlanglaufen, sind deutlich steiler, felsiger und erinnern mich etwas an die Barranca. Von Angst ist nach den ganzen Erlebnissen bei mir kein Anschein zu finden, aber Respekt nach wie vor schon.

Wie immer laufe ich mit Hugo ins Nirgendwo und verlasse mich voll auf ihn. Solche Ausflüge kann man bei weitem nicht einfach so machen, sondern sollte eine Person dabeihaben, auf die Verlass ist.

Zwischen Felsenkanten und schmalen Abgängen suchen wir unseren Weg, um den ersten Wasserfall dieser Kaskade zu finden.

Mittlerweile sind Pflanzen durch die ständigen Regenschauer so saftig grün geworden, dass die Krautschicht einem Dschungel gleicht. Einige Wege sind kaum als Weg zu identifizieren, da die Pflanzen mit ihren riesigen Blättern sie überschatten. Zum Glück weiß Hugo genau, wo wir hingehen müssen, um den eindrucksvollen Schlussfall zu erreichen.

Bereits aus der Ferne höre ich das Wasser niederprasseln. Zwischen den großen Blättern einiger Bananenstauden erhasche ich immer wieder einen kurzen Blickfang. In meinen Augen muss sich der Glanz des Wasserfalls spiegeln. Zwischen den grünleuchtenden Pflanzen und dem Herunterfallen des Wassers hat sich ein Regenbogen gebildet, der mich zu einem sprachlosen Moment bringt. Bereits die Barranca hatte mir in ihren Morgenstunden diesen unvergesslichen Sonnenaufgang geboten, doch dieser Blick auf die Cascadas Los Azules – die blauen Wasserfälle ist ebenso imposant. Wir trotzen dem steilen Abhang und erreichen den unteren Teil dieses Naturphänomens. Niemand außer uns beiden ist hier. Wir genießen die Ruhe und schenken unser Gehör dem Wind, unserem Blick den riesengroßen von der Felswand abgebrochenen Felsbrocken und fühlen den Dunst des darauf aufklatschenden Wassers. Ich lasse es mir nicht nehmen, einmal in das angestaute Wasser hineinzugehen und das herabfallende Wasser auf meinen Körper prasseln zu lassen. Da ich nicht daran gedacht habe, dass es ein Gebirgsfluss ist, überrascht mich die Eiseskälte. Zum Glück haben wir in der Sonne noch über

30 °C, sodass meine Shorts schon nach der Hälfte des Rückweges getrocknet sind.

Auf dem Rückweg machen wir Halt an einem Lieblingsrestaurant von Hugo. Die Mariachi spielen hier Live-Musik und Hugo hat sich für unseren letzten gemeinsamen Tag etwas ganz Besonderes einfallen lassen. Während ich mich auf der Herrentoilette etwas frisch mache, hat er zum Abschied des Restaurantbesuches einen Nachtisch organisiert, der nur für mich kreiert wurde. Mit den Worten „FELIZ VIAJE" wünscht er mir eine gute Heimreise und dass wir uns nie aus den Augen verlieren. Ich bin wirklich überwältigt, dass eine Person, die ich nicht mal ein Jahr kenne, so an mich denkt. Für mich hat diese Geste eine so tiefe Bedeutung bekommen, dass ich nicht weiß, wie ich reagieren soll.

So geht es mir mit einigen Freunden und Freundinnen, die ich hier kennenlernen durfte, und die ich niemals vergessen werde! Hugo ist definitiv einer davon!

Schon während wir einige Selfies für unsere Erinnerungen am Wasserfall machten, überkam mich ein leichtes Trauergefühl. Ich habe keine Ahnung, wie mein Leben in Deutschland weitergeht. Klar habe ich Bianca, meine Familie und meine Freunde an meiner Seite und ich werde auch irgendwie dort wieder Fuß fassen, aber es wird nicht das Gleiche sein. Darüber hinaus erweckt immer mehr die Angst, dass ich genau solche Situationen wie jetzt, gerade mit einem nicht wegzudenkenden Freund vor dem Wasserfall stehend, vermissen werde. Machen wir uns nichts vor. Das Leben in Deutschland ist ein anderes. Es funktioniert anders.

Dieses Leben hier in México hat andere Merkmale, und deshalb werde ich mich und meine Gewohnheiten erneut umstellen müssen. Mich durchströmt ein Gefühl, das ich von meiner Abreise aus Deutschland kenne. Es bestehen viele Ungewissheiten, denen ich trotzen muss und will, wie den ganzen Herausforderungen bei diesem Abenteuer. Und diesen Herausforderungen werde ich mich stellen!

28. Abschied aus dem Land des Adlers

Nach 276 Tagen ist es nun so weit. Das Abenteuer hat sein Ende, doch dieses Ende ist gleichzeitig ein Anfang von etwas Neuem. Rückblickend war bei weitem nicht jeder Tag von Glanz und Glück geprägt. So ist auch das Ende meines Freiwilligendienstes eine Berg- und Talfahrt. Viele Faktoren bewegen mich zu einer früheren Rückkehr nach Deutschland. Es kommt jetzt vielleicht überraschend, doch für mich ist genau das Gegenteil der Fall. Bis zu diesem Entschluss war meine Gefühlswelt hin und hergerissen. Es fühlte sich eine lange Zeit wie Scheitern auf meinen Schultern an. Ein Scheitern, bei dem ich vor den Gedanken anderer und der Konfrontation damit, wahnsinnige Angst hatte. Alle, die ich hier in México tiefer kennengelernt habe, haben mir Vertrauen geschenkt, haben mich aufgenommen und haben mir so viel für mein weiteres Leben mitgegeben. Deswegen fühlt es sich für mich sogar zeitweise so an, als ob ich diese Personen enttäusche und ausgenutzt hätte.

Nun gehe ich einfach so. Diese Gedanken nagen besonders gegen Ende meines Freiwilligendienstes an mir. Erst als ich wieder in Deutschland ankomme, kann ich realisieren, dass es nicht so ist.

Ich habe von den Umständen profitiert, das möchte ich nicht in Frage stellen. Doch die Lebenssituation von Leuten zu ändern, ist nicht meine Aufgabe. Ich habe den Freiwilligendienst zu jeder Zeit als Kommunikationsmöglichkeit zwischen den Völkern unserer Erde angesehen. Während ich in México deutsche Traditionen, Umgangsweisen, Denkweisen und Charakteristika vermittelte, haben mir meine Freunde und Freundinnen tiefe Einblicke in das mexikanische Leben gegeben. Dieses Wissen, diese Live-Experience, hätte ich nie so erfahren können, wenn ich solch ein Abenteuer ausgelassen hätte.

Nein, es ist nicht einfach so ein Gehen! In der Zeit meines mexikanischen Daseins konnte ich mich sehr reflektieren, habe mich trotz meiner Schwierigkeiten in der Kommunikation in vielen Fällen durchgesetzt und Projekte unterstützt, die eine weltoffenere und tolerantere Gesellschaft supporten.

Doch nach einer gewissen Zeit habe ich immer mehr die Freiheiten und mein Leben in Deutschland vermisst. Diese Entscheidung zu treffen, gehört meines Erachtens genauso zu meiner Entwicklung, wie den Entschluss zu fassen sowie den Mut und die Motivation aufzubringen, solch ein Abenteuer umzusetzen. Diese schwierigen Entscheidungen waren alles andere als einfach, die ich aus einer Kumulation von Gründen getroffen habe:

1)   *Zukunft in Deutschland*

Um mir die Reintegration in Deutschland möglichst einfach zu gestalten, suchte ich bereits nach der Hälfte meines Freiwilligendienstes nach einem Weg, wie ich mein Leben nach diesem Abenteuer gestalte. Wie es der Zufall oder das Schicksal so will, ergab sich vier Monate vor dem Ende meines Abenteuers eine Chance, der ich nachgehen wollte. Mein ehemaliger Arbeitgeber gab mir angesichts einer bevorstehenden Elternzeit die Möglichkeit, wieder in mein bekanntes Berufsfeld einzusteigen. Es ist schon Irre, wie sich manche Türen einfach so öffnen...

2)   Die bewegende Freiheit

Nahezu immer, wenn ich mich allein in México bewegte, herrschte in mir eine Art Druck. Es fühlte sich so an, dass ich an vielen Ecken aufpassen muss und darauf zu achten habe, mit wem ich rede, wie ich mich anziehe und wann ich mich bewege. Das soll nicht heißen, dass es mir verboten war, irgendwohin zu reisen, doch einige Gegenden und Orte sind ein rotes Tuch, in dem das Reisen und der Aufenthalt auf eigene Faust fatale Folgen für mich selbst und meinen Angehörigen bedeuten könnte. Allein die Gefahr, die von nächtlichen Alleingängen ausgeht, schränkt Unternehmungen und meine spontanen Ideen ein.

3)   Es ist einfach nicht das Gleiche...

Bevor ich nach México kam, durchlebte ich einige Wohnformen. Ich lebte in einer Partnerschaft, allein, in einer Wohngemeinschaft und ganz zum Anfang natürlich bei meinen Eltern. Hier in México lebte ich zwar auch in einer WG, doch die Konstellation fühlte sich trotz aller Bemühungen komplett anders an. Dadurch konnte ich in Anbetracht der ganzen Gastfreundschaftlichkeit und Bemühungen nur begrenzt das Gefühl ablegen, nur für die Zeit geduldet zu sein. Ich hatte stets außerhalb meines Zimmers die Empfindung, mich in einer fremden Privatsphäre aufzuhalten, und das schränkte ungemein mein Wohlempfinden ein.

4)   Inneres Konfliktfeld

In meiner Dienststelle beim Parque Agua Azul wurde ich immer mit offenen Händen empfangen, auch wenn es an dem einen oder anderen Tag doch gravierende Missverständnisse gab. Bis zum letzten Tag habe ich versucht, die seitens der Organisation gegebene Chance wertzuschätzen, was ich bis heute noch tue. Trotz der erfahrungsbringenden Umstände gelang es mir nicht, die Art und Weise der Tätigkeiten an mich heranzulassen. Es nagte an mir, dass zum Erhalt kranker oder ohne den Menschen nicht überlebensfähige Tiere mit gesunden Tieren ernährt wurden, um sie letztlich Besuchern und Besucherinnen als Show darbieten zu können. Verstärkt sorgte das Sterben einiger Tiere, die ich zuvor mit eigens getöteten Tieren gefüttert hatte, für ein inneres Konfliktfeld. Ich konnte dieses Treiben eines Gottes nicht mit mir vereinen.

5)   Die innere Eingebung

Das Abenteuer México konnte ich aufgrund besonderer Umstände in die Tat umsetzen. Ich habe mich mit der Entscheidung, Deutschland für einen längeren Zeitraum zu verlassen, wohlgefühlt. Ich hatte eine Entscheidung getroffen, mit der mir mein Bauchgefühl zu verstehen gab: Mach das! Geh diesen Weg! Dieses Gefühl hatte ich gegen Ende des Freiwilligendienstes auch. Es war Zeit, meinen Weg fortzusetzen und die Erfahrungen und Erlebnisse in meinen Rucksack zu packen.

Ein Abschied und die Entscheidung für einen Abschied können sehr emotionale Situationen hervorbringen. Bei mir ist es besonders mit den Verabschiedungen bei den Personen selbst aufgetreten. Während AMBU für mich und anderen Helfenden eine Grillparty organisierte, bei der ich einen ganz neuen mexikanischen Vibe verspürte, bleibt mir für immer der Abschiedsabend mit Martín, Alex und Jonathan in Erinnerung, bei dem wir so ausgelassen in einer taqueria quatschen konnten. Mit Hugo und Abraham konnte ich auf unseren Abenteuern bis zum Schluss wahrhaftige Freunde kennenlernen, die mich in jeder Situation unterstützten und die Zeit in México zu meinem wirklichen Abenteuer machten! Und nun weiß ich, dass ich auch am anderen Ende der Welt Freunde habe, zu denen ich in schlechten Zeiten kommen kann!

Ich danke EUCH aus ganzem Herzen!

29. Eine Tür, dich sich mir öffnet...!

Meine Ankunft in Deutschland wird von meinen Liebsten entgegengesehnt. Während ich im Flugzeug schon über Deutschland sitze, verfolgen einige meiner Familienmitglieder meinen Flug im Internet. Der lange Flug hat mich etwas geschafft, doch ich sage dir, es ist ein unglaubliches Gefühl, seine Liebe nach dieser ereignisreichen Zeit in den Arm zu schließen. Irgendwie ist es auch eine versteckte Love-Story. Bianca und ich lernten uns im Spanischkurs kennen, den ich für dieses Abenteuer brauchte, und trotz der frischen Beziehung begaben wir uns in eine über neunmonatige Fernbeziehung, um nun vereint unser gemeinsames Leben gestalten zu können. Selbst ich bekomme beim Lesen Gänsehaut und kann dir nur sagen: Mein Bauchgefühl hat mich nicht im Stich gelassen!

Auch in den folgenden Tagen nach der Ankunft in Deutschland lässt dieses Gefühl der Freude und Glückseligkeit nicht von mir ab. Nach der ersten Nacht wache ich auf und kann erst nicht realisieren, dass ich wieder zurück bin. Es dauert eine gewisse Zeit, sich wieder an die deutschen Lebensweisen zu gewöhnen.

Doch die Freude, meine Familie und Freunde wiederzusehen, tut dem keinen Abbruch. Besonders meinen Eltern sehe ich die Erleichterung an, was ich nach der Vielfalt an Erlebnissen nachvollziehen kann. Das Abenteuer México ist nun vorbei und wird ein wichtiger und lehrreicher Abschnitt meines Lebens sein.

Während meiner zweimonatigen Reintegrationszeit und des Abschlussseminars des Freiwilligendienstes bemerke ich, dass viele Personen neugierig sind. Sie fragen mich über meine Erlebnisse und meine Meinungen aus und möchten wissen, ob sich die zahlreichen Klischees bewahrheiten. Meist wiederholen sich die Unterhaltungsgegenstände, doch ich merke, dass diese Erlebnisse so speziell sind, dass mein Wort und meine Äußerungen großes Gewicht in Diskussionen haben. Aufgrund dieser Erkenntnis entschließe ich mich, diese Erfahrungen nicht wie ein geschlossenes Buch mit mir umherzutragen und ins Grab zu nehmen. Ich möchte Leuten ihre Möglichkeiten aufblättern und ihr Bewusstsein schärfen. Es wird nicht jede oder jedem eine solche Freiheit in die Kinderwiege gelegt, in einem anderen Land über solch einen Zeitraum zu leben.[10] Es würde mich freuen, wenn ich dich angeregt habe, den sogenannten Blick über den Tellerrand zu wagen, sodass du dir selbst ein Bild weltweiter Zusammenhänge kreierst.

Bitte vergiss nie, dass du für deine Entscheidungen verantwortlich bist und mit jeder Entscheidung eine Tür auf und eine andere zugeht. Doch es schadet nicht, den glatten, vorgeebneten Kurs zu verlassen und sich dem holprigen, steinigen Weg zu widmen!

---

[10] Eick, Felix (2019): Der deutsche Pass ist einer der wertvollsten der Welt – WELT, abgerufen unter: https://www.welt.de/wirtschaft/article196259071/Der-deutsche-Pass-ist-einer-der-wertvollsten-der-Welt.html, abgerufen am: 10.05.2024

30. Euer Support machte es möglich!

Abraham   Du hast mir deine Heimat aus einem besonderen Blickwinkel gezeigt.

Alex   Mit deiner Offenheit und Gastfreundschaftlichkeit konnte ich México erst erleben.

Bianca   Du hast mich während aller meiner Hochs und Tiefs unterstützt, hast gemerkt, wenn es mir schlecht geht und mich so oft wieder aufgebaut. Das werde ich niemals vergessen.

Birger   Mit deiner humorvollen Art hast du mich sogar kurz vor der Ausreise von all meinen Befürchtungen ablenken können und mein Zweifeln vertrieben.

Corinna   Ich danke dir für die super Vorbereitung und die Unterstützung während der so dramatischen Zeiten.

Dan   Wir zusammen sind die Bezwinger der Barranca de Huéntitan.

Edgar   Durch dein Engagement hast du meinen Freiwilligendienst zu etwas ganz Besonderem gemacht.

Emily   Vielen Dank für die Unterstützung und dass ich mich immer bei dir melden konnte.

Elisa   Ich werde nie den ersten Tag in México vergessen, an dem du mich zum Tianguis mitnahmst.

Hugo   Mit deinen Ausflügen hast du mir viel abverlangt, aber ohne dich wäre ich niemals zu diesen beeindruckenden Orten gekommen.

Jannik	Unsere Gespräche waren der Beginn meiner abenteuerlichen Reise.
Jennifer	Ich werde die großartige Unterstützung bei den Umzügen und Vorbereitungen nicht vergessen.
Johannes	Mit deiner Power und Motivation hast du mir in einigen Situationen den Rücken gestärkt, sodass ich Herausforderungen meistern konnte.
Jonathan	Du bist für mich ein Freund, der mir in so schwierigen Lagen Halt bot und mich bei all meinen Ideen unterstützte.
Juán	Ich werde niemals unsere lustigen Unterhaltungen bei den Tierrettungsmaßnahmen und über deinen Krokodilzahn vergessen.
Karina	Du bist eine Chefin mit so viel Herz, deswegen bin ich so froh, dich kennengelernt zu haben.
Kathy	Unsere jahrelange Freundschaft hat mich auch bei diesem Abenteuer sehr unterstützt, in dem ich wusste, dass du bei Problemen da bist.
Lalo	Als mein mexikanischer Mentor bin ich dir für so vieles dankbar.
Lidia	Du hattest immer ein offenes Ohr für mich, und besonders deine flippigen Ideen machen die Dienststelle zu etwas Einzigartigem.
Mama	Unsere wöchentlichen Gespräche haben für mich immer eine beruhigende Wirkung gehabt und mich immer wissen lassen, dass meine Familie hinter mir steht.
Marco	Von dir ging immer eine mentale Unterstützung aus, die mich vorantrieb und meinen Ehrgeiz anreizte.
Marius	Als einer meiner längsten Freunde danke ich dir für die zahlreichen Hilfen und Konversationen.

Martín	Du warst einer der Gründe, weshalb das Abenteuer México erst für mich realisierbar war, denn durch deine Offenheit und Courage durfte ich tiefe Einblicke in die mexikanische Kultur erleben.
Max	Unsere Gespräche führten mich zu diesem Abenteuer und überzeugten mich, diesen Lebensabschnitt anzutreten und die Ängste in den Hintergrund zu stellen.
Papa	Auch wenn du über mein Vorhaben nie richtig glücklich warst, hast du mich nie davon abbringen wollen und mich trotzdem mit all deinen Kräften unterstützt.
Philip	Mit deiner Unterstützung verlief besonders meine Vorbereitung auf den Freiwilligendienst deutlich einfacher, denn du hast mit zugepackt.
Raik	Mit deiner lustigen und einfühlsamen Art habe ich mich besonders bei den Vorbereitungen immer verstanden gefühlt.
Sven	Ich danke dir besonders für die Unterstützung und für die kulturelle Vorbereitung – Tequila.
Sylvana	Du hast mich in sämtlichen Lagen unterstützt und ich werde niemals vergessen, dass du dich als meine Notfallkontaktperson bereit erklärt hast.
Tino	Ohne dich hätten meine Vorbereitungen niemals so laufen können, denn auf dich war Verlass und dein Anpacken, insbesondere bei den Umzügen, war eine tierische Unterstützung.